Hegel | »Wenn Gott nicht wäre …«

[Was bedeutet das alles?]

Georg Wilhelm Friedrich Hegel

»Wenn Gott nicht wäre ...«

Religion und Versöhnung

Herausgegeben von Georg W. Bertram
und Tobias Wieland

Reclam

RECLAMS UNIVERSAL-BIBLIOTHEK Nr. 19674
2020 Philipp Reclam jun. Verlag GmbH,
Siemensstraße 32, 71254 Ditzingen

Gestaltung: Cornelia Feyll, Friedrich Forssman
Druck und Bindung: Kösel GmbH & Co. KG,
Am Buchweg 1, 87452 Altusried-Krugzell
Printed in Germany 2020
RECLAM, UNIVERSAL-BIBLIOTHEK und
RECLAMS UNIVERSAL-BIBLIOTHEK sind eingetragene Marken
der Philipp Reclam jun. GmbH & Co. KG, Stuttgart
ISBN 978-3-15-019674-8

Auch als E-Book erhältlich

www.reclam.de

Inhalt

Der Begriff der Religion

[…] Indem wir die Religion betrachten machen wir keinen abstrakten Anfang, sondern das womit wir hier anfangen, ist in Betreff der Wissenschaft schon vorausgesetzt. Diese Voraussetzung ist doppelter Art, empirische[1] Weise, unmittelbarer Anfang, die andere ist der wissenschaftliche Anfang, so dass wir auf die Wissenschaften verweisen, welche der unseren haben vorangehen müssen, und welche das hier Abzuhandelnde zum Resultat haben. Beide Weisen werden wir anwenden, nicht allein die wissenschaftliche, sondern auch die empirische, weil die in der allgemeinen Bildung unserer Zeit sich philosophisch nennenden Ansichten in dem empirischen Standpunkt enthalten sind. Diese Ansichten begegnen uns hier und die vorkommenden Ausdrücke sind uns verständlich. Diese Seite gibt uns allerdings die Bestimmungen an die Hand, welche auf die abstrakt subjektive Weise der Religion fallen, es ist jedoch dies nichts als hohle, leere Subjektivität, nur Form der endlichen Subjektivität, das ist denn aber auch ein Moment in dem höheren Standpunkt, in der Idee des absoluten Geistes, aber nur eine formelle Seite.

Indem wir uns nun so entschließen empirisch zu Werke gehen zu wollen, so können wir in Ungewissheit sein, was wir auf dem Wege der Erfahrung finden werden. Wir können hierbei große Hoffnungen haben das wesentliche, substantielle Innere zu finden, aber wir können auch wissen auf was sich das Zufindende beschränken wird. Wir wissen nämlich dass Gott sich nicht beobachten lässt, nicht aus äußerlicher Erfahrung sinnlich wahrnehmen als solch gegebenes Ding, als Objekt, aber sich auch nicht finden aus der inneren Erfahrung, als Erfahrung von uns. Außen ist die natürliche Welt, innerlich sind wir, was wir also darin finden ist unser subjektives Tun außer Gott und so genommen ist Gott weder in uns noch außer uns.

Man kann sagen dass wir unsere religiöse Erhebung über uns, die wir verschieden sind von der äußerlichen Natur, beobachten sollen außer unserem endlichen Verhältnis nach dem wir gegen anderes sind. In diesem religiösen Erfülltsein, sind wir nicht mehr als Getrennte auf einer Seite, wir verhalten uns darin auf affirmative[2] Weise zu Gott und sollen uns so selbst den Inhalt, Gott, bilden. Wenn wir darin Gott zu finden meinen, so ist allerdings mit dieser Andacht, mit diesem verhältnislosen Verhalten, mit diesem Standpunkt der Gegenstand der Beobachtung verschieden. Sie wäre ein Erkennen, Begreifen, aber grade diese Weise der Erhebung ist ausgeschlossen, indem wir nur unmittelbar beobachten, nehmen sollen, wir beschränken uns auf diesem empirischen Standpunkt darauf, allem Räsonnement[3] zu entsagen, weil wir nichts von Gott wissen sollen. Die religiöse Erhebung aber als Gefühl könnte unser Gegenstand sein, aber wenn wir meinen da Gott zu finden, so müssen wir bemerken dass Gefühl immer nur Gefühl ist. Es gibt eine Menge Gefühle, die vielfältigsten, sind von einander verschieden, sind bestimmt und was wir lernen sollen durch Beobachtung des religiösen Gefühls, ist nicht Gefühl, sondern das religiöse Gefühl mit dieser Bestimmtheit. Ich habe Gefühl von Härte d. h. ich fühle hartes, es wird mir sogleich Objekt und Inhalt. Bestimmt denken heißt einen Inhalt denken, dieser Inhalt ist die Bestimmtheit. Hier soll nun der Inhalt der göttliche Geist sein, der ist aber kein unmittelbares Subjekt und ist nicht so zu beobachten. Auf dem Standpunkt der Beobachtung finden wir höchstens Bestimmung der endlichen Subjektivität.

Auf empirische Weise finden wir so drei Bestimmungen.

1. Wir wissen von Gott und zwar unmittelbar, Gott soll nicht begriffen werden, es soll nicht über Gott räsonniert werden, weil es mit vernünftigem Erkennen nicht hat gehen wollen.

2. Wir müssen nach einem Halte dieses Wissens fragen. Wir wissen nur in uns, es ist so nur subjektiv, daher wird nach ei-

nem Grund gefragt, es wird nach dem Ort des göttlichen Seins gefragt und gesagt Gott ist im Gefühl, das Gefühl erhält so die Stellung eines Grundes, das Sein Gottes ist uns so im Gefühl gegeben.

3. Wir wissen von Gott unmittelbar und er ist im Gefühl, das dritte ist nun die Bestimmung beider gegen einander, dass Gott nicht Ich ist, das Andere des Ich ist und das Subjekt welches an sich selbst negativ, das Endliche ist und Gott das nicht Negative, das Unendliche in jeder Rücksicht.

Diese Sätze sind ganz wichtig und es soll keiner negiert werden, aber sie sind so trivial, dass es nicht der Mühe wert ist hier davon zu sprechen. Wenn die Religionswissenschaft auf diese Sätze beschränkt wird, so ist es nicht wert sie zu haben und es ist nicht einzusehen, weshalb es dann Theologie giebt.

1. Wir wissen unmittelbar dass Gott ist. Das ist ganz wichtig können wir sagen und unsere Vorstellung muss dies zugeben. Dieser Satz hat zunächst einen ganz unbefangenen Sinn, dann aber auch einen nicht unbefangenen, nämlich den, dass dies sogenannte unmittelbare Wissen, das einzige Wissen von Gott ist und die moderne Theologie ist insofern der geoffenbarten Religion entgegen, als auch der vernünftigen Erkenntnis, die den Satz ebenso leugnet. Dies unmittelbare Wissen hat zuerst Jacobi[4] aufgebracht, er sagt wir wissen nicht dass wir Körper haben, dass um uns Äußerliches ist, durch Räsonnement, nicht durch Beweise pp[5] sondern wir glauben es unmittelbar. Dies unmittelbare Wissen hat Jacobi Glauben genannt, wir glauben dass Gott ist, insofern wir unmittelbar von ihm wissen, wir glauben an Freiheit insofern wir unmittelbar wissen, dass wir frei sind.

Das Wahre daran ist näher zu betrachten. Wir wissen dass Gott ist und wissen dies unmittelbar. Was heißt wissen? Es ist vom Erkennen unterschieden. Wir haben den Ausdruck gewiss, und setzen wissen der Wahrheit entgegen. Wissen drückt die subjektive Weise aus in der etwas für mich, in meinem Bewusstsein ist, so dass es die Bestimmung hat eines Seienden. In der fieberhaften Vorstellung des Fantasierens weiß ich nicht, obgleich ich Vorstellung habe.

Sein Sein und mein Sein sind identisch und dass der Gegenstand ist, ist mir gewiss, wir sagen, es ist so gewiss wie ich bin; was mir gewiss ist, ist in meinem Sein, ich unterscheide den Inhalt, aber beider Sein ist ungetrennt. Die Wahrheit ermittelt daran, dass die Gewissheit und die Objektivität auseinandertreten können. Ich sage dies ist, es ist mir, da tritt das Sein in die Objektivität und das wahre Sein kann davon verschieden sein.

Wissen ist also überhaupt dies, dass der Gegenstand, das Andere ist und sein Sein mit meinem Sein verknüpft ist. Ich kann auch wissen was es ist, aus unmittelbarer Anschauung oder als Resultat der Reflexion, aber wenn ich sage, ich weiß es, so weiß ich nur sein Sein, das Übrige sind dann nähere Bestimmungen, Beschaffenheiten, welche so eintreten dass sie sind. Man gebraucht wissen auch als Vorstellung haben, aber es liegt immer darin, dass der Inhalt ist. Wissen ist also abstraktes Verhalten. Erkennen sagen wir dagegen, wenn wir von einem Allgemeinen wissen, aber es auch nach seiner besonderen Bestimmung fassen. Wir erkennen die Natur, den Geist, aber nicht ein Haus, jenes ist Allgemeines, dies Besonderes und jenen reichen Inhalt erkennen wir nach seiner notwendigen Beziehung auf einander.

Näher betrachtet ist dies Wissen, Bewusstsein aber ganz abstraktes, für uns abstrakte Tätigkeit des Ich. Kenntnis betrifft schon den besonderen bestimmten Inhalt. Dies Wissen ist also bloß dies, dass irgend ein Inhalt ist, ist die abstrakte Beziehung des Ich auf den Gegenstand, der Inhalt mag sein welcher er will, Wissen und Bewusstsein ist eins und dasselbe, nur dass Bewusstsein zugleich nähere Bestimmung des Gegenstands ist. Kenntnis oder Anschauung haben, oder Erkennen betrifft schon eine reichere Bestimmung, nicht bloß die abstrakte des Wissens, welches die einfache, abstrakte Tätigkeit des Ich ist. Oder unmittelbares Wissen ist nichts anderes als Denken ganz abstrakt genommen, als vermittelnde Bewegung. Denken ist aber auch die mit sich identische Tätigkeit des Ich. Denken überhaupt ist unmittelbares Wissen.

Näher ist denken, als das, in dem sein Gegenstand auch die Bestimmung eines Abstrakten hat, die Tätigkeit des Allgemeinen. Dies denken ist in Allem enthalten, man mag sich noch so konkret verhalten, aber man nennt es nur denken, insofern der Inhalt die Bestimmung eines Abstrakten, Allgemeinen hat.

Hier ist nun das Wissen, kein unmittelbares Wissen von einem körperlichen Gegenstand, sondern von Gott, Gott ist der ganz allgemeine Gegenstand, nicht irgend eine Partikularität,[6] die allgemeinste Persönlichkeit. Unmittelbares Wissen von Gott, ist unmittelbares Wissen von einem Gegenstand der ganz allgemein ist, so dass nur das Produkt unmittelbar ist, dies ist denken. Unmittelbares Wissen von Gott, ist denken von Gott, denn denken ist die Tätigkeit für welche das Allgemeine ist.

Gott hat hier noch keinen Inhalt, keine weitere Bedeutung, er ist nur nichts Sinnliches, er ist nur ein Allgemeines, wir wissen so von ihm als nicht in die unmittelbare Anschauung fallend. Dies unmittelbare Wissen von Gott ist schlechterdings nur Denken, dies ist das Allgemeine als tätig und das Denken indem es tätig ist und sich unmittelbar verhält denkt es, das was es denkt als Allgemeines, es geht durch das Besondere hindurch. Indem man schließt fängt man von besonderen unterschiedenen Stoffen und Bestimmungen an und verwandelt sie in Allgemeines, es ist vermittelndes Denken, aber das bloß Allgemeine, unbestimmt Allgemeine ist sein unmittelbares Produkt, reines Denken ist der Inhalt der das Denken selber ist, es verhält sich so unmittelbar. Es ist grade eben solche Unmittelbarkeit als wenn ich frage, was fühlt das Gefühl, was schaut die Anschauung an, es ist Gefühltes und Angeschautes, lauter leere Tautologien. Um der Tautologie willen ist das Verhältnis ein Unmittelbares.

Das Wissen von Gott will also nichts sagen, als ich denke Gott. Das Weitere ist nun hinzuzusetzen, dieser Inhalt des denkens, dies Produkt ist, ist ein Seiendes, Gott ist nicht nur gedacht, sondern er ist, er ist nicht bloß Bestimmung des Allgemeinen. Über diese Bestimmung haben wir schon Bemerkungen gemacht und das Nähere ist, dass wir über diese Beobachtung uns aus dem Begriff Rechenschaft geben, sehen inwiefern das Allgemeine die Bestimmung erhält, dass es ist. Dass Gott eine weitere Bedeutung habe, wird weiter unten gezeigt werden. Es ist Rechenschaft zu geben, wie das Bewusstsein dazu kommt zu wissen, dieser Gegenstand ist.

Aus der Logik müssen wir zu Hülfe nehmen was Sein ist. Sein ist die Allgemeinheit in ihrem leeren, abstraktesten Sinn genommen, die reine Beziehung auf sich, ohne weitere Relation[7] nach außen oder innen. Sein ist die Allgemeinheit, als abstrakte Allgemeinheit. Das Allgemeine ist wesentlich Identität mit sich, dies ist auch das Sein, es ist einfach. Die Bestimmung des Allgemeinen enthält sogleich die Beziehung auf einzelnes, diese Besonderheit kann ich mir vorstellen als außerhalb des Allgemeinen, oder wahrhaften innerhalb desselben. Das Allgemeine ist auch diese Beziehung auf sich, diese Durchgängigkeit im Besonderen. Das Sein entfernt alle Relation, jede Bestimmung die konkret ist, ist ohne weitere Reflexion, ohne Beziehung auf Anderes. Das Sein ist so in dem Allgemeinen enthalten, und wenn ich sage das Allgemeine ist, so spreche ich auch seine trockene, reine, abstrakte Beziehung auf sich aus, diese dürre Unmittelbarkeit die das Sein ist. Das Allgemeine ist kein Unmittelbares in diesem Sinne, es soll nicht sein ein Besonderes, das Allgemeine soll in ihm selber sein, dies sich zum Besonderen betätigen, ist nicht das Abstrakte, Unmittelbare. Das abstrakt Unmittelbare hingegen, diese dürre Beziehung auf sich ist in dem Sein ausgesprochen. Wenn ich also sage, dieser Gegenstand ist, so wird damit ausgesprochen die letzte Spitze der trockenen Abstraktion, es ist die leerste, dürftigste Bestimmung. Wissen ist denken und dies ist das Allgemeine und enthält die Bestimmung des abstrakt Allgemeinen, die Unmittelbarkeit des Sein, dies ist der Sinn des unmittelbaren Wissens.

Wir sind so in der abstrakten Logik, dies geht immer so, wenn man meint man sei auf dem konkretesten Boden, auf dem Boden des unmittelbaren Bewusstseins, aber dieser ist der ärmste an Gedanken und die darin enthaltenen sind die kahlsten, leersten. Es ist die größte Unwissenheit wenn man glaubt das unmittelbare Wissen sei außer der Region des Denkens, man schlägt sich mit solchen Unterschieden herum und näher betrachtet schwinden sie zusammen.

Näher fragen wir dann, wodurch das was ich im unmittelbaren Bewusstsein weiß, verschieden ist von Anderem was ich weiß. Ich weiß noch nichts, als dass das Allgemeine ist, was Gott für einen weiteren Inhalt hat, davon ist im Folgenden zu sprechen, der Standpunkt des unmittelbaren Bewusstseins gibt nicht mehr. Ferner ist aber Gott ein Gegenstand meines Bewusstseins, ich unterscheide ihn von mir, er ist ein Anderes von mir und ich von ihm. Wenn wir andere Gegenstände so vergleichen, nach dem was wir von ihnen wissen, so wissen wir von ihnen auch dies, sie sind, und sind ein Anderes als wir, sind für sich, sie sind dann ein Allgemeines oder auch nicht, sie sind ein Allgemeines und zugleich Besonderes, haben irgendeinen bestimmten Inhalt. Die Wand ist, ist ein Ding, Ding ist ein Allgemeines und so viel weiß ich auch von Gott, so hat man denn Gott abstrakt ens[8] genannt. Wir haben gesagt, Gott ist im unmittelbaren Wissen, wir sind auch, es kommt ihm diese Unmittelbarkeit des Seins zu. Alle anderen, konkreten, empirischen Dinge sind auch, sind identisch mit sich, dies ist abstrakt ihr Sein als Sein. Dies Sein ist gemeinschaftlich mit mir, aber der Gegenstand meines Wissens ist so beschaffen, dass ich auch sein Sein von ihm abziehen kann, ich stelle mir ihn vor, glaube an ihn, aber dies Geglaubte ist ein Sein nur in meinem Bewusstsein. Es treten somit die Allgemeinheit und diese Bestimmung der Unmittelbarkeit auseinander und müssen es. Diese Reflexion muss eintreten denn wir sind zwei und müssen unterschieden sein, sonst wären wir eins d. h. es muss dem Einen eine Bestimmung beigelegt werden die dem Anderen nicht zukommt. Eine solche Bestimmung ist das Sein, ich bin, das Andere, der Gegenstand ist deshalb nicht, das Sein nehme ich auf mich, auf meine Seite, an meiner Existenz zweifele ich nicht, sie fällt bei dem Anderen deshalb weg. Ich bin diese unmittelbare Beziehung auf mich, da ist das Sein schlechthin in mir selbst, vom Sein kann ich nicht abstrahieren, es ist die Tätigkeit des Allgemeinen, die einfache Beziehung auf sich. Im Abstrahieren selbst ist das Sein, ich kann mich zwar umbringen, aber das ist die Freiheit von meinem Dasein zu abstrahieren. Ich bin, im Ich ist schon das Bin enthalten.

Indem man nun den Gegenstand, Gott aufzeigt wie er in dem Sein ist; so hat man das Sein auf sich genommen und Gott muss aufgezeigt werden, dass er in meinem Sein ist und so lautet die Forderung so, es soll der empirische Zustand gezeigt werden in dem Gott in mir ist, wir nicht zwei sind. Es soll mithin ein Zustand aufgezeigt werden, ein Beobachtbares, wo die Verschiedenheit wegfällt, wo Gott in diesem Sein ist das mir bleibt indem ich bin, eine Weise in welcher mit mir als Seiendem ungetrennt ist, was bisher Gegenstand war. Diesen Ort nennt man das Gefühl und dies ist der zweite Punkt den wir zu betrachten haben.

Man spricht vom religiösen Gefühl und sagt in ihm ist uns der Glaube an Gott gegeben, es ist dieser innerste Boden auf dem uns schlechthin gewiss ist, dass Gott ist. Von der Gewissheit ist schon gesprochen. Diese Gewissheit ist, dass zweierlei Sein gesetzt sind in der Reflexion als ein Sein. Sein ist die abstrakte Beziehung auf sich, es sind nun zwei Seiende, sie sind aber nur ein Sein und dies ungetrennte Sein ist mein Sein, dies ist die Gewissheit. Diese Gewissheit ist mit einem Inhalt in konkreterer Weise das Gefühl und dies Gefühl wird als der Grund des Glaubens und Wissens von Gott angegeben. Was in unserem Gefühl ist, das nennen wir Wissen und so ist denn Gott und das Gefühl erhält so die Stellung des Grundes. Die Form des Wissens ist das Erste, dann die Unterschiede und damit treten die Differenzen zwischen beiden ein und die Reflexion dass das Sein mein Sein ist, mir zu kommt. Und da ist denn das Bedürfnis, dass in diesem Sein, das ich mir nehme, auch der Gegenstand ist, dies ist dann das Gefühl. Auf das Gefühl wird so gewiesen.

Ich fühle Hartes, wenn ich so spreche so ist Ich das Eine, das Zweite ist das Etwas, es sind ihrer Zwei. Der Ausdruck des Bewusstseins, das Gemeinschaftliche ist die Härte. Es ist Härte in meinem Gefühl und auch der Gegenstand ist hart. Diese Gemeinschaft existiert im Gefühl, der Gegenstand berührt mich und ich bin erfüllt von seiner Bestimmtheit. Wenn ich sage: Ich und Gegenstand, so sind beide für sich, erst im Gefühl verschwindet das doppelte Sein*[.]* Die Bestimmtheit des Gegenstands wird die meinige, insofern das Andere selbstständig bleibt wird es nicht gefühlt, geschmeckt.

Dies ist die formelle Weise des Gefühls, was ist nun zweitens der Inhalt des Gefühls auf dem empirischen Standpunkt. Es kann den allermannigfaltigsten Inhalt haben, wir haben Gefühl von Recht, von Unrecht, Gott, Farbe, Hass, Feindschaft, Freude pp es findet sich darin der widersprechendste Inhalt, das Niederträchtigste und das Höchste, Edelste hat seinen Ort darin. Es ist Erfahrung, dass das Gefühl den zufälligsten Inhalt hat, es kann der wahrhafteste und der schlechteste sein. Gott hat wenn er im Gefühl ist, nichts vor dem Schlechtesten voraus. Damit ist verbunden, dass das was ist, auch nach seinen Inhalt in unser Gefühl kommt, aber nicht bloß Reales, Seiendes, sondern auch Erdichtetes, Erlogenes, alles Gute und alles Schlechte, alles Wirkliche und alles Nichtwirkliche ist in unserem Gefühl, das Entgegengesetzteste ist darin. Alle Einbildungen von Gegenständen fühle ich, ich kann mich begeistern für das Unwürdigste. Ich habe Hoffnung, Hoffnung ist ein Gefühl, in ihr ist wie in der Furcht das Zukünftige, unmittelbar solches was noch nicht ist, vielleicht erst sein wird, vielleicht nie sein wird. Ebenso kann ich mich begeistern für Vergangenes, aber auch für solches was weder gewesen ist, noch sein wird. Ich kann mir einbilden ein tüchtiger, großer Mensch zu sein, fähig zu sein alles aufzuopfern für Recht, für meine Meinung, kann mir einbilden viel genutzt, geschafft zu haben, aber es ist die Frage ob es wahr ist. Ob mein Gefühl wahrhafter Art, gut ist, kommt auf seinen Inhalt an. Dass dieser Inhalt im Gefühl ist macht es nicht aus, denn auch das Schlechteste ist darin. Ob der Inhalt existiert, hängt ebenso nicht davon ab, ob er im Gefühl ist, denn Eingebildetes das nie existiert hat und nie existieren wird ist darin. Gefühl ist demnach eine Form für allen möglichen Inhalt, und dieser Inhalt erhält darin keine Bestimmung, die Form ist jeden Inhalts fähig. Das Gefühl ist die Form in der der Inhalt gesetzt ist als vollkommen zufällig. Er kann durch mein Belieben, meine Willkür gesetzt sein oder durch die Natur, im Gefühl bin ich am abhängigsten, der Inhalt ist zufällig für mich. Die Willkür, das Belieben ist ebenso Zufall, der Inhalt hat also im Gefühl die Form, die Bestimmung eines zufälligen Inhalts d. h. denn, dass er nicht an und für sich bestimmt ist, nicht durch das Allgemeine nicht durch den

Begriff gesetzt ist. Er ist daher in dem Wesen des Besonderen, des Beschränkten, es ist so gleichgültig dass er dieser sei, es kann auch ein anderer Inhalt in meinem Gefühl sein. Wenn also das Sein Gottes in unserem Gefühl nachgewiesen wird, so ist es darin ebenso zufällig, wie jedes Andere dem dies Sein zukommen kann. Das nennen wir denn Subjektivität, sie ist es aber im schlechtesten Sinne, die höchste Intensität des Geistes ist auch Subjektivität aber in einer freieren Form, hier heißt Subjektivität nur Zufälligkeit.

Es ist noch zu bemerken, dass man sich häufig auf sein Gefühl beruft, wenn die Gründe ausgehen, so einen Menschen muss man stehen lassen, denn mit dem Appellieren[9] an das eigene Gefühl ist die Gemeinschaft zwischen uns abgerissen, auf dem Boden des Gedankens, des Begriffs dagegen sind wir auf dem des Allgemeinen, der Vernünftigkeit, da haben wir die Natur der Sache vor uns, darüber können wir uns verständigen, der Sache unterwerfen wir uns, sie ist das Gemeinsame, zum Gefühl übergehend verlassen wir es und ziehen uns zurück in die Sphäre unserer Zufälligkeit.

Das Gefühl ist ferner das, was die Menschen mit den Tieren gemein haben, es ist die tierische, sinnliche Form. Wenn also das was Recht, Sittlichkeit, Gott ist im Gefühl aufgezeigt wird, so ist dies die schlechteste Weise in der ein solcher Inhalt nachgewiesen werden kann. Gott ist wesentlich im Denken. Der Verdacht dass er durch das Denken, nur im Denken ist muss uns schon dadurch aufsteigen, dass der Mensch nur Religion hat, nicht das Tier.

Alles im Menschen dessen Boden der Gedanken ist kann in die Form des Gefühls versetzt werden; Recht, Freiheit, Sittlichkeit pp hat seine Wurzel in der höheren Bestimmung wodurch er nicht Tier sondern Mensch, Geist ist, aber dies höheren Bestimmungen Angehörige kann in die Form des Gefühls versetzt werden, aber das Gefühl ist nur Form für diesen Inhalt der einem ganz anderen Boden angehört. Wir haben so Gefühle von Recht, Freiheit, Sittlichkeit, aber es ist die schlechteste Form für diesen Inhalt.

Das Gefühl ist unendlich unterschieden, denn es ist nur auf zufällige Weise vorhanden. Die Gefühle können rechter Art sein, wenn der Inhalt wahrhaft ist, aber dass er wahrhaft ist, kommt nicht vom Gefühl her. Der gebildete Mensch kann ein wahres Gefühl von Recht, von Gott haben, aber es ist dies nicht das Verdienst des Gefühls, sondern der Bildung des Gedankens hat er es zu verdanken, durch diesen ist erst der Inhalt der Vorstellung und so des Gefühls vorhanden. Es ist eine Täuschung das Wahre, Gute auf Rechnung des Gefühls zu schieben.

Ferner muss aber auch ein wahrhafter Inhalt in unserem Gefühl sein, man muss, wie man sonst sagte, Gott im Herzen haben. Herz ist noch mehr als Gefühl, dies ist nur momentan, zufällig, flüchtig, wenn ich aber sage, ich habe Gott im Herzen, so ist das Gefühl hier als fortdauernde, feste Weise meiner Existenz ausgesprochen. Das Herz ist was ich bin, nicht bloß was ich augenblicklich bin, sondern was ich im Allgemeinen bin nach dieser Seite. Die Form des Gefühls als Allgemeines heißt dann Grundsätze oder Gewohnheiten meines Seins, feste Art meiner Handlungsweise.

Wenn man nun auf diese Weise sagt Gott, Recht pp soll auch in meinem Gefühl, in meinem Herzen sein, so drückt man damit aus, dass es nicht bloß von mir Vorgestelltes, sondern ungetrennt, identisch mit mir sein soll. Ich als Wirklicher soll so bestimmt sein, es soll meinem Charakter eigen sein, die allgemeine Weise meiner Wirklichkeit soll diese sein und so ist es wesentlich, dass aller wahrhafte Inhalt im Gefühl, im Herzen sei. Die Religion ist so ins Herz zu bringen, und diese Weise ist die Seite, dass das Individuum religiös gebildet werde. Aber darum, dass der Inhalt im Gefühl ist, ist er noch nicht wahrhaft, noch nicht an und für sich, nicht gut, vortrefflich in sich. Das Gefühl ist der Punkt des subjektiven, zufälligen Seins. Es ist Sache des Individuums seinem Gefühl einen solchen wahren Inhalt zu geben.

Wenn wir nun das Gefühl als den Ort genannt haben in welchem das Sein Gottes unmittelbar aufzuzeigen ist, so haben wir darin das Sein, den Gegenstand Gott nicht angetroffen wie wir es verlangt haben, nicht als freies an und für sich Sein. Gott ist, ist an und für sich selbstständig, ist frei, diese Selbstständigkeit, dies freie Sein finden wir nicht im Gefühl, ebensowenig den Inhalt als an und für sich seienden Inhalt, sondern es kann jeder besondere Inhalt darin sein. Wenn das Gefühl wahrhaft, echter Natur sein soll, so muss es der Inhalt sein, das Gefühl macht diesen aber nicht so.

In neuerer Zeit spricht man nicht mehr vom Herzen, sondern von Überzeugung, mit dem Herzen spricht man auch meinen unmittelbaren Charakter aus, wenn man aber von Handeln nach der Überzeugung spricht, so liegt darin, dass der Inhalt eine Macht ist die mich regiert, er ist meine Macht und ich bin die seinige, ein Innwohnen das mehr durch den Gedanken und die Einsicht hervorgeht. Nach Überzeugung handelnd, handele ich aus dem Herzen intensiv.

Dies ist die Natur dieses Bodens des Gefühls, und die Bestimmungen die ihm angehören. Der Mensch liebt das Gefühl, weil er seine Partikularität darin vor sich hat. Der Mensch jedoch, der in der Sache lebt, in den Wissenschaften, im Praktischen, der vergisst sich selbst darin, hat kein Gefühl dabei, das Gefühl ist Reminiszenz[10] seiner selbst, er ist dann so mit seiner Besonderheit ein Minimum; die Eitelkeit, die Selbstgefälligkeit dagegen appelliert an ihr eigenes Gefühl und kommt deshalb nicht zum objektiven Handeln. Der Mensch der nur mit dem Gefühl zu tun hat, ist noch nicht fertig.

Wir müssen uns nun also nach einem anderen Boden umsehen, so weit es nach diesem Standpunkt angeht. Im Gefühl haben wir Gott weder nach seinem selbstständigen Sein, noch nach seinem Inhalt gefunden. Wir haben also noch das unmittelbare Bewusstsein zu beobachten wie dieser Inhalt sich darin als Gegenstand befindet.

Die Mangelhaftigkeit nötigt uns weiter zu gehen um zu sehen in welchem Bewusstsein wir das finden, was der Religion entspricht. Wir suchen eine Region des Bewusstseins wo das Sein des Objekts als an und für sich seiend ist, wo der Gegenstand eigenes Sein hat, wo denn ferner der Inhalt nicht nur als zufällig vorhanden sei, sondern in der Form absoluter Bestimmtheit.

Indem wir uns umsehen in welcher Form des Bewusstseins wir dies finden, so bietet sich uns die des weiter bestimmten Bewusstseins dar, wir sind nicht an die beiden Formen des unmittelbaren Wissens und des religiösen Gefühls gebunden, und indem wir zum weiter bestimmten Bewusstsein übergehen, gehen wir noch nicht über den empirischen Standpunkt des bloßen Beobachtens hinaus, *auf* den wir uns gestellt haben.

Es ist hier also die Rede von einem Bewusstsein, in dem die Gegenüberstehenden feste Bestimmungen erhalten, sich unterscheiden, wir müssen nun sehen ob diese Bestimmungen unserer Vorstellung von Religion entsprechen. Wir haben eine solche Vorstellung, wir wollen sehen wie sie bestimmt in uns ist, wollen unser Bewusstsein fassen, in dem sich dann das finden wird und wir das erreichen werden was wir suchen, eine bestimmte Vorstellung von Religion.

In dem Bewusstsein finden wir den Unterschied, diesen Gegensatz dass ich mich fasse gegen den Gegenstand als endlich, jedes ist das Andere des Anderen aber auf bestimmte Weise, wir finden dass wir als das Negative für sich bestimmt sind, finden uns bestimmt als das Endliche.

Wir sind endlich, dies ist die festere Bestimmung, darüber scheint nichts weiter zu sagen, wir finden überall ein Ende, das Ende des Einen ist da wo ein Anderes anfängt. Schon dadurch dass wir ein Objekt haben sind wir endlich, wo das anfängt bin ich nicht, also endlich. Wir wissen uns endlich nach vielfachen Seiten. Nach der physikalischen Seite, das Leben ist endlich, als Leben sind wir äußerlich abhängig von Anderen, haben Bedürfnisse pp und haben das Bewusstsein dieser Schranke. Dies haben wir mit dem Tiere gemein, welches ebenfalls seine Schranke fühlt. Die Pflanze, das Mineral ist auch endlich, aber es hat kein Gefühl seiner Schranke, es ist ein Vorzug des Lebenden seine Schranke zu wissen und noch mehr des Geistigen, es hat Furcht, Angst, Hunger, Durst pp in seinem Selbstgefühl ist eine Unterbrechung, es ist eine Negation in ihm und es ist Gefühl derselben vorhanden. Wenn man sagt die Religion beruhe auf dies Gefühl der Abhängigkeit, so hätte auch das Tier Religion. Die Schranke ist nur insofern für mich, als ich darüber hinausgehe, im Gefühl, im Bewusstsein der Schranke liegt das Darüberhinaus*[.]* Dies Gefühl ist eine Vergleichung *zwischen* seiner Natur und seinem Dasein in diesem Momente und sein Dasein ist seiner Natur nicht entsprechend.

Das Tier wie der Mensch als Subjekt ist wesentlich negative Einheit, Identität mit sich und hat die Gewissheit, das Selbstgefühl seiner selbst, seiner Beziehung auf sich, diesem widerspricht das Gefühl einer Negation in ihm, das Selbst fühlt sich als Macht gegen seine Negation und hebt dies Akzidentelle[11] auf d. h. es befriedigt sein Bedürfnis. Also auch beim Tiere ist dies der Fall, dass die Schranke nur vorhanden ist, insofern es darüber hinausgeht, es hat Bedürfnisse aber zugleich ist es Trieb diese Negation des Selbst aufzuheben, alle Triebe sind diese Affirmation seines Selbst und das Tier stellt sich so her gegen die Negation in ihm. Es ist nur lebendig im Aufheben der Schranke und es versöhnt sich darin mit sich selbst. Diese Not in ihm erscheint zugleich als Objekt außer ihm, dessen es sich bemächtigt und so sein Selbst wiederherstellt.

Wir fühlen uns also als endlich. Ich bemerke dass die Schranke der Endlichkeit nur vorhanden ist, durch die Vergleichung mit dem Affirmativen gegen die Schranke, nur insofern wir darüber hinaus sind fühlen wir sie. Diese so abstrakte Reflexion, wird auf diesem Standpunkt des Bewusstseins nicht gemacht, sondern wir bleiben dabei stehen dass ich endlich bin. In diesem Bewusstsein bin ich endlich, darüber hinaus ist das Objekt, dies ist das Andere als ich, das verschieden ist von mir, dazu gehört, dass es als unendlich gesetzt wird. Hier ist das was über die Schranke hinaus ist, bestimmt als ein Anderes als ich. Ich weiß nur von der Grenze insofern ich darüber hinaus bin. Im Bewusstsein ist dies als ein Anderes als ich und ich bin nur als endlich bestimmt.

Das Fernere ist, dass beide Seiten in Relation miteinander sind und es ist zu sehen wie sich diese bestimmt, dies ist auf ganz einfache Weise.

Das Unendliche, dies mein Gegenstand, ist das Nichtendliche, Nichtbesondere, Nichtbeschränkte, das Allgemeine, das Endliche in Relation auf Unendliches ist gesetzt als das Negative, Abhängige, was zerfließt im Verhältnis zum Unendlichen. Indem beide zusammengebracht werden entsteht eine Einheit, durch das Aufheben des Einen, und zwar des Endlichen, welches nicht aushalten kann gegen das Unendliche. Dies Verhältnis als Gefühl ausgedrückt, ist es das der Furcht, der Abhängigkeit. Dies ist die Relation beider, aber es ist noch eine andere Bestimmung darin. Einerseits bestimme ich mich als das Endliche, das Andere ist, dass ich in der Relation nicht untergehe, dass beide bestehen. Ich bestehe, ich bin auch das Affirmative, welches besteht, einerseits weiß ich mich als nichtig, andererseits als affirmativ, als geltend, so dass das Unendliche mich gewähren lässt. Man kann dies die Güte des Unendlichen nennen, wie das Aufheben des Endlichen die Gerechtigkeit genannt werden kann, wonach das Endliche manifestiert[12] werden muss als endliches.

Man sagt nun wenn man so weit geht darin sei alles der Religion enthalten. Wir können aber auch weiter gehen, beobachten dass man Gott erkennen kann, aber es wird gleichsam mit Willkür hier festgehalten oder weil man sich nur beobachtend verhalten will, muss man bei dieser Bestimmung des Bewusstseins stehen bleiben. Gott heißt hier, bestimmt sich hier nur als das Unendliche, als das Andere des Endlichen, als Jenseits desselben, so weit er ist bin ich nicht, so weit er mich berührt schwindet das Endliche zusammen. Gott ist so bestimmt mit einem Gegensatz der absolut erscheint. Man sagt das Endliche kann das Unendliche nicht erkennen, erreichen, begreifen, man kann über diesen Standpunkt hinausgehen, aber man sagt es sei darin alles enthalten, was wir von der Religion brauchen, wir haben darin alles was wir von Gott und Religion zu wissen brauchen und was darüber ist, ist vom Übel. Man könnte beobachten, dass wir Gott erkennen können, dass wir von einem Reichtum seiner Lebendigkeit und Geistigkeit wissen, das wäre aber vom Übel*[.]*

Wenn man sich auf den Standpunkt des empirischen Verstehens, des Beobachtens gestellt hat, so kann man wahrhaft nicht weitergehen, denn beobachten heißt sich einen Inhalt desselben vorhalten als jenseits, wenn ich nun weitergehe aus einem geistig höheren Standpunkt das Bewusstsein zu betrachten, so finde ich mich nicht mehr beobachtend, sondern ich vergesse mich hineingehend in das Subjekt, ich versenke mich darin indem ich Gott zu erkennen, zu begreifen suche, ich gebe mich darin auf, und wenn ich dies tue so bin ich nicht mehr in dem Verhältnis des empirischen Bewusstsein, des Beobachtens. Wenn Gott für mich nicht mehr ein Jenseits ist, so bin ich nicht mehr reiner Beobachter. Insofern man also beobachten will muss man auf diesem Standpunkt bleiben. Er bleibt bei der Endlichkeit des Subjekts stehen, sie gilt hier als das Höchste, das Letzte, als Unverrückbares, Unveränderliches Ehernes und ihm gegenüber ist dann ein Anderes an dem dies Subjekt ein Ende hat. Dies Andere Gott genannt ist ein Jenseits, weiter für uns nichts, als dass wir im Gefühl unserer Endlichkeit danach suchen, weiter nichts denn wir sind in unserer Endlichkeit fest und absolut.

Die Reflexion des Hinüberseins über die Schranke ist auch insofern zugegeben, jedoch ist dies Hinausgehen, diese Sehnsucht nur ein Versuchtes, eine bloße Sehnsucht die das nicht erreicht was sie sucht, das Objekt erreichen, es erkennen wäre meine Endlichkeit aufgeben, sie ist aber das Letzte soll nicht aufgegeben werden, daher ist das Darüberhinaus nur ein Versuchtes.

Dieser ganze Standpunkt ist nun noch näher ins Auge zu fassen und zu sehen was die allgemeine Bestimmtheit desselben ausmacht und sein Wesentliches ist zu beurteilen.

Es ist in ihm die Bestimmung meiner Endlichkeit meiner Relativität, das Unendliche steht ihm gegenüber, aber als ein Jenseits, ich bin bestimmt als das wesentlich Negative, damit wechselt denn ab meine Affirmation, die Bestimmung dass ich bin. Wir werden später sehen dass beide in eins zusammenfallen, die Hauptbestimmung ist die Absolutheit meiner, in dieser meiner Endlichkeit. Einerseits ist hier das Hinausgehen aus meiner Endlichkeit zu einem Höheren, andererseits bin ich als das Negative dieses höheren Gegenstands bestimmt, er bleibt ein Anderes von mir unbestimmbar, unerreicht insofern die Bestimmung einen objektiven Sinn haben soll. Vorhanden ist nur mein Hinaus als Richtung in die Ferne, ich bleibe diesseits und habe die Sehnsucht nach einem Jenseits. Das Zweite ist, dass diese Richtung nach einem Jenseits, durchaus nur meine ist, mein Tun, meine Richtung meine Rührung ist.

Wenn ich die Prädikate[13] allgütig, allmächtig als Bestimmungen von diesem Jenseits gebrauche, so haben sie nur Sinn in mir, nur einen subjektiven, nicht objektiven Sinn. Meine absolute, feste Endlichkeit hindert mich es zu erreichen, meine Endlichkeit aufgeben und es erreichen ist eins. Es erhellt hieraus die dritte Bestimmung, dass die ganze Bestimmung die eines Negativen ist, dass ich endlich bin und das Andere als negativ bestimmt ist, dass alles dies Andere mir selbst angehört, durchaus in mich fällt. Es ist mein Gefühl, meine Richtung Empfindung, mein Wollen, Streben pp.

Es ist nun in mir selbst eine Entzweiung vorhanden, einerseits ist in mir die Bestimmung, dass ich das Negative bin, dass andererseits aber auch das Negative als Anderes gegen mich bestimmt ist. Diese zweite Bestimmung gehört ebenso mir an, es sind verschiedene Richtungen eine in mir und eine nach außen die aber ebenso in mich fällt, meine Richtung zum Jenseits und meine Endlichkeit sind Bestimmungen in mir. Das ist das Nähere von dem, was das eine der Verhältnisse dieses Standpunkts ist.

Das Andere ist meine Affirmation, ich bin überhaupt, ich bin affirmativ. Dies ist unterschieden von der ersten Bestimmung wonach ich endlich bin. Wenn man dies in konkreterer Form ausspricht in Beziehung auf Sollen, so bin ich unmittelbar das, was ich sein soll. Es heißt dann ferner ich bin gut von Natur d. h. ich bin und zwar insofern ich unmittelbar gut bin. In dieser Rücksicht ist es nur darum zu tun mich so zu erhalten, es ist zwar in mir auch eine Möglichkeit von Beziehung auf Anderes, von Sünden, Fehlern pp dies ist aber denn sogleich als späteres, äußerlich Akzidentelles bestimmt. Wenn ich wäre wie ich nicht sein soll so wäre damit meine Endlichkeit ausgesprochen. Ich bin, das ist eine Beziehung auf mich, eine Affirmation, ich bin wie ich sein soll, das Fehlerhafte ist nicht in meiner Wurzel, sondern eine zufällige Verwickelung überhaupt.

Das Zweite in diesem Standpunkt der Affirmation ist, dass ich mich auch zu einem Äußerlichen verhalten, das Gute getrübt werden kann. Meine Affirmation in Beziehung auf solches Unrecht, wird dann auch vermittelte aus solcher Vereinzelung sich herstellende Affirmation, vermittelt durch das Aufheben der Fehlerhaftigkeit die an sich nur zufällig ist. Das Gute meiner Natur ist zur Gleichheit mit sich selbst zurückgekehrt, diese Versöhnung schafft dann nichts Innerliches weg, berührt es nicht, sondern schafft nur Äußerliches fort.

Das ist es was in dieser zweiten Bestimmung liegt, hiermit verglichen die Bestimmung der Affirmation wie sich dabei ergeben hat, dass ich darin bei mir bleibe, so ist zugleich das gesetzt, was wir vom ersten Standpunkt erkannt haben. Ich bin, meine Affirmation ist das Bestehende, was sich zwar mit Anderem einlassen und dadurch an seiner Oberfläche getrübt werden kann, was aber dennoch in sich eingeschlossen bleibt. Meine Affirmation steht demnach über Alles, ich bleibe was ich bin.

Damit ist zugleich gesagt die Welt versöhne sich nur mit sich selbst, ich als Einzelner bin gut, in Fehler verfallend, brauche ich nur ein Akzidentelles von mir zu werfen, und ich bin versöhnt mit mir. Wenn gesagt wird Gott hat die Welt versöhnt, so ist dies hiernach nur meine Versöhnung, nur meine Affirmation ist wiederherzustellen. Das Innere, der Geist ist nicht damit in Verhältnisse gekommen, es bleibt außer dem Spiele, das Innere der Geist ist das ursprünglich Gute und das Negative ist nicht innerhalb der Natur des Geistes selbst bestimmt.

In der Theologie ist dagegen die Vorstellung von ewiger Verdamnis vorgekommen, sie setzt den Willen als schlechthin frei voraus, es kommt nicht auf meine Natur, sondern auf meinen selbstbewussten Willen an was ich bin, ich bin schuldig durch den Willen. So ist meine Natur, das Ursprüngliche nicht das Gute, ich kann mir kein Gutsein zuschreiben außer meinen

Willen, dies fällt nur in die Seite meines selbstbewussten Geistes nach dieser Ansicht. Hier hingegen ist nur die gute Ursprünglichkeit angenommen, deren Berührung durch Anderes aufgehoben wird, durch Wiederherstellung des Ursprünglichen. Diese versöhnende Vermittelung besteht bloß in dem Bewusstsein, Wissen, dass ich von Natur gut bin. Meine Natur ist gut, dazu kann nur das Wissen von dieser guten Natur hinzukommen, die Überzeugung, Meinung in mir dass ich gut bin.

Dies ist die abstrakte Bestimmung, weiterentwickelt würden alle Ansichten der Zeit hineinfallen. z. B. dass das Gute nur in meiner Überzeugung liegt und hier auf diese Überzeugung beruhe meine Sittlichkeit und was Gut sei, beruhe wieder nur auf meine Natur. Nur das Wissen dass ich gut bin, macht mich gut und das Gute. Meine Überzeugung sei hinreichend in Ansehung meiner. In diesem Standpunkt liegen von Kant[14] an alle Ansichten neuerer Zeit, aller Glauben von Kant an fällt in die Ansicht, dass ich das Affirmative bin, das über alle diese Bestimmungen steht.

Dies ist der Standpunkt des subjektiven Bewusstseins, welches so bestimmt bleibt, welches die Gegensätze entwickelt die das Bewusstsein betreffen, die aber darin bleiben und die es in seiner Gewalt behält weil es das Affirmative ist.

Zu betrachten ist nun was Endlichkeit näher überhaupt ist und welches wahrhafte Verhältnis das Endliche zum Unendlichen hat und in dies Endliche fällt dann die Bestimmung des als subjektiv bleibenden Bewusstseins. Wir wollen von der Endlichkeit zuerst in dem populären[15] Sinn sprechen, den man meint wenn man sagt der Mensch ist endlich, dann von dem Wahrhaften und der Anschauung derselben.

Es sind dreierlei Formen in denen die Endlichkeit erscheint, erstens die sinnliche Endlichkeit, zweitens die Endlichkeit vor der Reflexion und drittens wie sie im Geist und für den Geist ist.

1. Der Mensch ist endlich, dies hat den Sinn, ich der Mensch verhalte mich zu Anderem, es ist ein Anderes, Negatives meiner vorhanden mit dem ich in Verbindung stehe und dies macht meine Endlichkeit aus, wir sind beide ausschließend und verhalten uns selbstständig gegeneinander. So bin ich als sinnlich Empfindendes, alles Lebendige ist so ausschließend. Im Hören und Sehen habe ich nur Einzelnes vor mir und mich praktisch verhaltend habe ich es immer nur mit Einzelnem zu tun, die Gegenstände meiner Befriedigung sind ebenso einzeln. Dies ist der Standpunkt des natürlichen Seins, der natürlichen Existenz, ich bin danach in vielfachen Verhältnissen, vielfach äußeren Sein, in Empfindungen, Bedürfnissen, praktischen und theoretischen Verhältnissen, alle sind ihrem Inhalte nach beschränkt und abhängig, endlich. Innerhalb dieser Endlichkeit fällt schon die Aufhebung des Endlichen, jeder Trieb als subjektiv bezieht sich auf Anderes, ist endlich, aber er hebt diese Beziehung, dies Endliche auf, indem er sich befriedigt, diese Rückkehr in seine Affirmation ist die Befriedigung, sie bleibt aber andererseits endlich, denn der befriedigte Trieb erwacht wieder, die Befriedigung bleibt also ebenso endlich, als das Bedürfnis, als solches einen Mangel hat und endlich ist, aber nach der formellen Seite ist dies, dass das Bedürfnis sich befriedigt ein Aufheben seiner Endlichkeit. Die Befriedigung des Hungers ist Aufheben der Trennung zwischen mir und meinem Objekt, ist Aufheben der Endlichkeit, jedoch nur formelles.

Auch unser sinnliches Bewusstsein insofern wir es darin mit Einzelnem zu tun haben gehört in die natürliche Endlichkeit. Das Endliche ist als das Negative bestimmt, muss sich von sich befreien, dies erste natürliche, unbefangene Endliche ist der Tod, dies ist das Verzichtleisten auf das Endliche, es wird hier real, aktualiter[16] gesetzt, was es an sich ist. Die sinnliche Lebendigkeit des Einzelnen hat ihr Ende im Tode. Die einzelnen

Empfindungen, sind als einzelne vorübergehend, eine verdrängt die andere, ein Trieb, eine Begierde vertreibt die andere. Diese Sinnlichkeit setzt sich realiter[17] als das, was es ist, in seinem Untergange. Hier tritt das Aufhören, das Loskommen von der Endlichkeit ein. Dies Loskommen von dieser Endlichkeit ist im Bewusstsein nicht das was der Tod ist, sondern dies Höhere im Denken, schon in der Vorstellung als darin das Denken tätig ist.

2. Indem wir uns jetzt aus dem unmittelbaren Bewusstsein in den Standpunkt der Reflexion erheben, haben wir es auch wieder mit einer Endlichkeit zu tun, die im bestimmten Gegensatz mit der Unendlichkeit auftritt. Dies ist die zweite Form.

Dieser Gegensatz hat verschiedene Formen und die Frage ist dann, welche sind die. Teils ist es die bestimmte Weise, teils ist auf diesem Standpunkt ein Loskommen von der Endlichkeit vorhanden, es fragt sich nun, kommt die Reflexion dazu das Endliche als das an sich Nichtige zu setzen, oder kommt die Reflexion so weit wie die Natur, kann sie das sterben machen was sterblich ist, oder ist ihr das Nichtige unsterblich. Weil es nichtig ist, sollen wir es schwinden lassen, denn was die Natur vermag muss der unendliche Geist noch mehr können.

Der Standpunkt der Reflexion ist jedoch der in dem die Endlichkeit und Unendlichkeit in ihrem Gegensatz perennierend[18] ist, eben die Beziehung dieser beiden ist der Standpunkt der Reflexion, beide gehören zum Gegensatz.

Wenn wir den ersten Gegensatz vom Endlichen und Unendlichen in der Reflexion betrachten, so ist die Endlichkeit ein verschiedenes, mannigfaches Außereinander, von denen jedes ein besonderes beschränktes ist, ihm gegenüber bestimmt sich das Mannigfache in seiner Allgemeinheit, Unbeschränktheit, das Allgemeine in dieser Vielheit. Diese Form kommt in konkreterer Gestalt in unserem Bewusstsein vor.

Wir wissen von vielen Dingen, haben unendlich viele Kenntnisse, nach dem Wollen, Zwecken, Trieben, Neigungen und hierbei ist der Gegensatz auch vorhanden, dass diese Vielheit nicht genügend ist, sondern eine Relation zur Allgemeinheit hat. Die Vielheit, Masse der Kenntnisse, dies Viele wird verglichen mit einer Einheit und es wird gefordert, dass sie weitergefördert und zur Allgemeinheit gebracht wird. Ebenso kann man sich im Praktischen eine Allgemeinheit der Befriedigung zum Plan machen, die man dann Glückseligkeit nennt. Die eine Totalität heißt Allgemeinheit des Wissens, die andere Totalität des Besitzes, der Befriedigung, der Begierde, des Genusses. Es wird zugegeben dass die Kenntnisse keine Grenze haben, so z.B. kann man sich wohl denken dass die Naturwissenschaft alle Tiere kennt, aber nicht bis in ihre subtilsten Bestimmtheiten, ebenso ist es mit der Befriedigung der Triebe, es ist ein unerreichbares Ideal. Diese Endlichkeit bleibt eben weil sie etwas wahres ist, das Unwahre ist die Einheit, die Allgemeinheit, die Vielheit müsste von dem Charakter aufgeben, um unter die Einheit gesetzt zu werden. Das Ideal ist daher unerreichbar, eben weil es unwahr in sich ist, eine Einheit von Vielem die zugleich ein mannigfaltiges Außereinander bleiben soll. Diese Endlichkeit hebt sich erst auf im Begriff.

Die zweite Form des Gegensatzes ist die des Endlichen gegen Unendliches wie er in der Reflexion als solche ist. Dies ist die Endlichkeit im Gegensatz zur Unendlichkeit, beide für sich gesetzt, nicht bloß als Prädikat, als wesentlicher Gegensatz und so dass das Eine bestimmt ist als das Andere des Anderen. Das Eine bestimmt als positiv, das Andere als negativ.

Wir müssen nun fragen, ob dieser Gegensatz Wahrheit hat d.h. ob diese beiden Seiten auseinanderfallen und außereinander bestehen. In dieser Rücksicht ist schon gesagt, dass wir wenn wir das Endliche als endlich setzen wir darüber hinaus sind. In der Schranke haben wir eine Schranke, aber nur indem wir darüber hinaus sind, sie ist nicht mehr das Affirmative, indem wir dabei sind, sind wir nicht mehr dabei.

Das Endliche bezieht sich auf das Unendliche, beide schließen sich gegen einander aus, näher betrachtet soll das Endliche das Begrenzte und die Grenze desselben das Unendliche sein.

Bei der ersten Form begrenzt ein Besonderes ein anderes, hier hat das Endliche am Unendlichen eine Grenze. Wenn nun das Endliche begrenzt wird vom Unendlichen und auf einer Seite steht, so ist das Unendliche selbst auch ein Begrenztes, es hat am Endlichen eine Grenze, es ist das was das Endliche nicht ist, hat ein Drüben und ist so ein Endliches, Begrenztes. Wir haben so statt des Höchsten ein Endliches. Wir haben nicht das was wir wollen, wir haben nur ein Endliches an diesem Unendlichen. Oder sagt man auf der anderen Seite, dass das Unendliche nicht begrenzt wird, so wird das Endliche auch nicht begrenzt, wird es nicht begrenzt, so ist es nicht vom Unendlichen verschieden, sondern fließt mit ihm zusammen, ist identisch mit ihm in der Unendlichkeit, wie vorher in der Endlichkeit. Dies ist die abstrakte Natur dieses Gegensatzes. Wir müssen dies im Bewusstsein behalten, das Festhalten desselben ist von durchgängiger Wichtigkeit in Rücksicht aller Formen des reflektierenden Bewusstseins und der Philosophie. Der Gegensatz, der Unterschied verschwindet so. Wenn wir nun dies Verschwinden im konkreten Bewusstsein betrachten, so finden wir hier die Stelle die wir schon früher hatten, es ist hier an das zu erinnern und in der konkreten Form des Bewusstseins kurz das früher Betrachtete anzugeben.

Das Endliche konkreter gefasst ist Ich, und das Unendliche ist das Jenseits dieses Endlichen, das Negative desselben, das Negative der Negation ist das Affirmative, auf die Seite des Unendlichen fällt die Affirmation, das Seiende, das Jenseits des Ich, meines Selbstbewusstsein, meines Bewusstseins als Können, als Wollen. Aber es ist bemerkt worden, dass ich hier bestimmt habe zunächst das Jenseits als das Affirmative, diesem ist aber entgegengesetzt jenes Ich, welches wir vorher als das Affirmative bestimmt haben, ich bin unmittelbar, ich bin eins mit mir selbst.

Weiter ist jedoch zu bemerken dass vor der höheren Reflexion diese beiden Unterschiede verschwinden, sie zeigen sich gleich, beide endlich zu sein, indem sich beide begrenzen, ist dagegen keine Grenze vorhanden, so sind sie unmittelbar identisch.

Sie sind für uns Momente, indem das Bewusstsein den Gegensatz vor sich hat sind sie für uns verschieden. Wenn das Bewusstsein sich als endlich bestimmt und jenseits das Unendliche ist, so macht dies Ich dieselbe Reflexion die wir gemacht haben, dass jenes Unendliche nur ein verschwindendes ist, nur ein von mir gesetzter Gedanke ist. Ich bin der, welcher jenes Jenseits produziert, beides ist mein Produkt, verschwindend sind sie in mir, ich bin der Herr und Meister dieser Bestimmung und so ist das Zweite gesetzt, dass ich das Affirmative bin, ich bin die Negation der Negation, ich bin es in welchem der Gegensatz verschwindet, ich die Reflexion sie zunichte zu machen.

Hier stehen wir auf diesem Punkt und wollen sehen wie es dem Endlichen geschieht, ob wirklich real von ihm los zu kommen ist, es sein Recht erhält. Es scheint hier der Fall zu sein, dass die Reflexion das Nichtige stehen lassen will, aber das ist gerade was hier nicht geschieht, sondern was nur Schein ist, vielmehr geschieht hier dass das Endliche sich erhält, ich mich an mir halte, meine Nichtigkeit nicht aufgebe, aber mich darin zum Unendlichen mache, zum wirksamen betätigenden Unendlichen. Es ist dies der höchste Standpunkt der Subjektivität die an sich festhält, die Endlichkeit die bleibt und sich darin zum Unendlichen macht, die unendliche Subjektivität die mit allem Inhalt fertig wird, aber diese Subjektivität selbst diese

Spitze der Endlichkeit erhält sich noch, aller Inhalt ist darin verflüchtigt und nur eitel gemacht, es ist aber nur diese Eitelkeit die nicht verschwindet, sich noch erhält. Diese Spitze hat den Schein Verzicht zu leisten auf das Endliche, aber die darin die Endlichkeit als solche noch erhält. Näher ist das abstrakte Selbstbewusstsein, das reine Denken als die absolute Macht der Negativität, aber die Macht die sich als dies Ich noch erhält, die nur sich nur erhält indem sie die ganze Endlichkeit aufgibt und dies Endliche als die Unendlichkeit als das allgemein Affirmative ausspricht, der Mangel ist der der Objektivität. Bei der wahrhaften Verzichtleistung kommt es darauf an, ob diese Spitze noch einen Gegenstand hat.

Der betrachtete Standpunkt ist die Reflexion in ihrer Vollendung, die abstrakte Subjektivität, ein Ich worin aller Gehalt nur als durch mich gesetzt ideell ist; das Zweite ist dass dies ich, durch welches alles nur ist und gilt, als dies Einzelne ist, als das unmittelbare Selbst, als Ich dieser Einzelne der ich unmittelbar bin. So verschwindet aller objektive Inhalt, nur das von mir Gesetzte gilt, ich bin das Abstraktum und der Inhalt nur, welcher der von mir gesetzte, geltende, ist so zufällig des Gefühls, der Meinung, der Willkür; er ist gut insofern ich davon überzeugt bin und dass er gut ist, dazu gehört nur dies mein Überzeugtsein, diese meine Anerkennung. Ich bin also hier das Positive, das Reale. Dieser Standpunkt gibt sich nun zunächst an, als den der Demut, der nichts von Gott erkennen will, weil Gott mit seinen Bestimmungen außer ihm ist. Allein diese Demut widerlegt sich selbst, sie ist dies, das Wahre von sich ausschließen und im Diesseits sich als das Affirmative zu sehen. Ich, dieser, bin allein das Affirmative, bin das einzige Wesenhafte, d. h. ich, dies Endliche bin das Unendliche. Das Unendliche als Jenseitiges ausgesprochen ist nur durch mich gesetzt. In dieser Bestimmung ist die Einheit des Endlichen und Unendlichen enthalten, aber eine solche Einheit, worin das Endliche nicht untergegangen, sondern das Feste, Absolute, Perennierende geworden ist.

Die erste Schwierigkeit dieses Standpunkts ist, dass er ein solches Abstraktum ist, die zweite ist die des philosophischen Begriffs. Er grenzt an den philosophischen Standpunkt, denn er ist der Höchste der Reflexion. Er enthält Ausdrücke die oberflächlich angesehen dieselben scheinen die die Philosophie hat. Er enthält die Idealität, Negativität, die Subjektivität, diese ist für sich betrachtet ein wahres Moment, das der Freiheit, und wesentliches Moment der Idee. Ferner enthält er die Einheit des Endlichen und Unendlichen, dies muss auch von der Idee gesagt werden. Dessen ohngeachtet aber ist das was so als das Nächste erscheint, sich das Entfernteste. Diese Idealität, dies Feuer in dem alle Bestimmungen sich aufzehren, ist auf diesem Standpunkte noch unvollendete Negativität, ich als unmittelbar, dieser, bin die einzige Realität, alle übrigen Bestimmungen sind ideell gesetzt, verbrannt, nur ich erhalte mich. Nur die Bestimmung meiner selbst und dass alles nur durch mich gesetzt ist, ist, gilt. Die Idealität ist nicht durchgeführt, diese letzte Spitze enthält noch das was negiert werden muss, dass ich als dieser nicht Wahrheit, Realität habe. Die Einheit des Endlichen und Unendlichen ist auch in der Reflexion gesetzt, ich bin das Unendliche, das Negative alles Inhalts, der nur ein Negatives für mich ist. Diese Einheit ist auch eine Definition der Idee, hier aber ist diese Einheit noch in diese Einseitigkeit gesetzt, dass sie noch unter der Bestimmung des Endlichen ist, ich, dieser Endliche, bin das Unendliche. Von dieser Affirmation, von diesem Unendlichen ist noch zu trennen diese Einzelnheit meines unendlichen Seins, meine unmittelbare Ichheit. Die Reflexion ist selbst das Trennende, sie kommt hier zur Einheit, die aber nur endliche Einheit ist. Dies ist der Mangel dieses Standpunkts. Die Gegensätze desselben können nur beurteilt werden, wenn man sie auf den letzten Gedanken zurückführt.

Es ist der Standpunkt unserer Zeit, und die Philosophie tritt damit in ein eigentümliches Verhältnis. Wenn man diesen Standpunkt mit der früheren Religiosität vergleicht, so bemerkt man, dass früher das religiöse Bewusstsein einen Inhalt hatte, der an und für sich fest war, einen Inhalt der die Natur Gottes beschrieb. Das erste Gebot war, Gott zu erkennen, was er sei ist in dem Inhalt des Credo[19] den Menschen gegeben gewesen und an das Fürwahrhalten, Wissen von diesem Inhalt war Seligkeit oder Verderben, absoluter Wert oder Unwert des Menschen geknüpft. Jetzt ist das Höchste, nicht von der Wahrheit, von Gott zu wissen und damit weiß man auch nicht was Recht und Pflicht ist. In diesem Standpunkt liegt denn auch ausdrücklich entwickelt, dass ich von Natur gut bin, nicht durch mich oder durch mein Wollen bin ich es. Der entgegengesetzte Standpunkt enthält dagegen, ich bin nur gut durch meine geistige Tätigkeit, Freiheit; nicht ursprünglich durch die Natur ist es, dass ich gut bin, sondern es muss in meinem Bewusstsein hervorgehen, es gehört meiner geistigen Welt an, mein Dabeisein als Bewusstsein gehört dazu. Jetzt ist das Gutsein meine Willkür, denn alles ist durch mich gesetzt.

Wir sehen dass bei diesem ungeheuren Gegensatz, wir notwendig eine Revolution die in der christlichen Welt vorgegangen ist erblicken müssen. Im religiösen Bewusstsein ist die Wurzel alles dessen was ihm Pflicht sein soll, alle anderen Rechte, Pflichten hängen von der Form dieser innersten Wurzel ab und eben das was dem Geiste in seiner Wurzel als wahr gilt, ist das Fundament aller Wirklichkeit. Näher betrachtet, so geht unmittelbar aus dem Vorhergehenden hervor, dass auf jenem Standpunkt des Bewusstseins keine Religion möglich ist, denn ich bin das Affirmative und die an und für sich seiende Idee soll in der Religion schlechthin für sich sein, nicht Gesetztes durch mich, es kann also hier keine Religion sein.

Die Philosophie ist in dieser Rücksicht etwas Besonderes, ist die allgemeine Bildung in das Bewusstsein gesetzt, so ist die Philosophie ein Geschäfte, eine Weise der Ansicht die außerhalb der Gemeine[20] ist, ein Geschäft das einen besonderen Ort hat, und so ist auch Religionsphilosophie nach der Zeitansicht etwas was nur außerhalb der Gemeine eine Bedeutung haben kann, und diese hat vielmehr eine Opposition, hat Feindseligkeit von ihr zu erwarten.

3. Der höhere Standpunkt ist nun der dritte, das dritte Verhältnis vom Endlichen zum Unendlichen, das erste war das natürliche, das zweite das in der Reflexion, das dritte ist nun das in der Vernunft.

Dieser Standpunkt ist zunächst so zu betrachten wie er im Verhältnis steht mit der Form der Reflexion in ihrer höchsten Spitze. Der Übergang von diesem Standpunkte muss seiner Natur nach dialektisch sein, und gemacht werden, dies gehört jedoch der Logik an, wir wollen so verfahren, dass wir ihn auf konkrete Weise darstellen und in Ansehung der Notwendigkeit des Übergangs nur an die eigene Konsequenz appellieren die in diesem Standpunkt liegt. Er sagt: ich als endlich bin ein Nichtiges, welches aufzugeben ist, aber nicht so aufzugeben ist, dass diese unmittelbare Einzelnheit zugleich bleibt und so bleibt, dass nur dies Ich das Affirmative wird, wie es der Standpunkt der Reflexion angibt. Es muss ein Standpunkt aufgezeigt werden, wo das Ich in dieser Einzelnheit, Verzicht auf sich tut, ich muss die in der Tat aufgehobene, partikulare Subjektivität sein, so muss ein Objektives von mir anerkannt sein, welches in der Tat für mich als Wahres gilt, welches anerkannt ist, als das Affirmative für mich gesetzt, in welchem ich als dieser Ich negiert bin, worin aber meine Freiheit zugleich erhalten ist. Dazu gehört, dass ich als Allgemeines bestimmt bin, mich erhalte, mir nur gelte als Allgemeines. Dies ist nun nichts Anderes als der Standpunkt der denkenden Vernunft und die Religion selbst ist dies Tun, diese Tätigkeit der denkenden Vernunft. Philosophie ist ebenso denkende Vernunft, nur dass bei ihr dies Tun welches Religion ist, in der Form des denkens erscheint, während die Religion als so zu sagen unbefangene, denkende Vernunft in der Weise der Vorstellung stehen bleibt.

Von diesem Standpunkt sind nun die allgemeinen Bestimmungen, reine Gedankenbestimmungen näher aufzuweisen.

Zuerst ist gesagt die Subjektivität gibt ihr Einzelnes auf im Objekt, ein Objektives überhaupt anerkennend. Dies Objekt muss nichts Sinnliches sein, vom sinnlichen Gegenstand weiß ich, da ist mir die Sache das Bestehende, aber darin ist meine Freiheit noch nicht, die Unwahrheit des sinnlichen Bewusstseins müssen wir hier voraussetzen. Die weitere Bestimmung ist, dass dies Objektive als Affirmatives in der Bestimmung des Allgemeinen ist, in diesem Anerkennen eines Objekts, eines Allgemeinen tue ich Verzicht auf meine Endlichkeit, auf mich als diesen. Mir gilt das Allgemeine, ein solches wäre nicht, wenn ich als dieser erhalten bin. Dies ist auch in dem unmittelbaren Wissen von Gott vorhanden, ich weiß von dem objektiv Allgemeinen, das an und für sich ist, aber weil es nur unmittelbares Verhalten ist, und die Reflexion noch eintritt, so ist dies Allgemeine, dies Objekt des Allgemeinen, selbst nur ein Subjektives. Die letzte Reflexion ist dann nur eine Entwicklung, Bestimmtheit darin, dass diese Bestimmungen nur in dem subjektiven Bewusstsein eingeschlossen sind, das auf sich nach seiner unmittelbaren Partikularität noch nicht Verzicht geleistet hat, so dass diese Bestimmungen noch nicht hinreichend sind. Es gehört vielmehr dazu dass das abstrakt Allgemeine einen Inhalt, Bestimmungen in sich hat, so ist es erst für mich vorhanden, wenn es leer ist, so ist die Bestimmtheit nur gemeint, sie fällt auf mich, mir bleibt aller Inhalt, alle Tätigkeit, alle Lebendigkeit, ich habe nur einen toten, leeren Gott, ein sogenanntes absolutes Wesen und diese Leerheit, diese Vorstellung bleibt nur subjektiv und bringt es nicht zur wahrhaften Objektivität.

Nicht bloß für die Philosophie ist der Gegenstand inhaltsvoll, sondern dies ist ein Gemeinsames der Philosophie und Religion, ein Unterschied in der Ansicht beider ist hier noch nicht vorhanden.

Hieran knüpft sich die Frage, wie ist das Subjekt darin bestimmt? Dasselbe ist in Beziehung auf den anerkannten Gegenstand denkend bestimmt. Tätigkeit des Allgemeinen ist das Denken, ein Allgemeines zum Gegenstand habend, hier soll das Allgemeine sein, das schlechthin absolut Allgemeine, die Beziehung auf solchen Gegenstand ist deshalb das denken des Subjekts, der Gegenstand ist das Wesen, das Seiende für das Subjekt. Der Gedanke ist nicht bloß subjektiv, sondern auch objektiv.

Zuerst bin ich bei dem Gedanken über die Sache subjektiv, aber wenn ich reflektiere und die Sache denke, den Gedanken derselben denke, so ist die Beziehung meiner als Besonderes gegen die Sache weggenommen und ich verhalte mich objektiv, ich habe darin Verzicht getan auf mich als diesen nach meiner Partikularität, dies und denken, dass das Allgemeine mein Gegenstand ist ist dasselbe, ich tue hier aktualiter, realiter Verzicht auf mich.

Es kann bemerkt werden, dass wesentliche Bestimmung des Denkens ist, dass es vermittelnde Tätigkeit ist, vermittelte Allgemeinheit, es ist aber zugleich das Negative der Affirmation, es ist das Partikulare zu negieren, es ist Negation der Negation, mithin Affirmation. Es ist Vermittelung durch Aufheben der Vermittelung. Die allgemeinen Substanzen, sind solche Affirmationen die nur sind durch Negation der Negation. Zugleich ist die Weise der Unmittelbarkeit darin enthalten, aber nicht allein. So kommt der Ausdruck vor, wir wissen unmittelbar von Gott, Wissen ist die reine Tätigkeit und ist nur das Unreine, Unmittelbare negierend. Auf empirische Weise können wir von Gott wissen, dieser allgemeine Gegenstand ist so unmittelbar vor mir, ohne Beweise. Diese Unmittelbarkeit im empirischen Subjekt ist teils selbst Resultat vieler Vermittelungen, teils nur eine Seite dieser Tätigkeit. Ein schweres Klavierstück kann leicht gespielt werden, nachdem es oft wiederholt, einzeln durchgegangen ist, es wird gespielt mit unmittelbarer Tätigkeit, als Resultat so vieler vermittelnder Aktionen. Das einfache Resultat der Entdeckung des Kolumbus, ist Resultat vieler vorhergegangener einzelner Tätigkeiten, Überlegungen.

Die Natur einer solchen Tätigkeit ist verschieden von der Erscheinung, so ist die Natur des Denkens diese Gleichheit mit sich selbst, diese reine Durchsichtigkeit der Tätigkeit mit sich, die in sich Negation des Negativen ist.

Ich bin also bestimmt in der Beziehung auf den Gegenstand als denkend und nicht bloß in der Philosophie, sondern auch in der affirmativen Religion, in der Andacht, was von denken herkommt, ist Gott für mich. Dies Denken des Allgemeinen ist dann eine Weise was ich bin, wie ich bin, ich bin als rein Denkendes. Das Zweite ist dass ich in der Andacht, in dieser Beziehung zur allgemeinen Substanz auf mich reflektiere, mich von diesem Gegenstand unterscheide, mich rein denkend erhalte und den Gegenstand von mir unterscheide. Wie bin ich nun in dieser Rücksicht bestimmt, Ich, das wiedererscheint? Hier bin ich als Endliches bestimmt auf wahrhafte Weise, endlich als unterschieden von diesem Gegenstand, als das Partikulare gegen das Allgemeine, als das Akzidentelle an dieser Substanz, als ein Moment, als ein Unterschied bestimmt, das zugleich nicht für sich ist, sondern das auf sich Verzicht geleistet hat und sich als endlich weiß. Der allgemeine Gegenstand hat den Inhalt in sich, ist in sich bewegende Substanz, nicht leer, sondern absolute Erfüllung, aller Inhalt, alle Besonderheit gehört ihm an, und so schaue ich mich an als endlich, dass ich bin ein Moment in diesem Leben, welches sein besonderes Sein, sein Bestehen nur hat in dieser Substanz. So bin ich nun aktualiter als endlich gesetzt. Eben darum behalte ich mich nicht als Unmittelbares, als Affirmatives; das Allgemeine ist und ich habe nur mein Bestehen in ihm, bin ein Moment desselben, ich kann mich nur setzen als Verzicht leistend auf mich. Dies ist abstrakt genommen das konkrete Verhältnis des subjektiven Ich in der Religion, in welcher Gott das Affirmative ist.

In der Reflexion steht das Endliche dem Unendlichen nur so gegenüber, dass das Endliche verdoppelt ist. Das Wahre ist die wahrhafte Einheit beider. Es ist dies das abstrakte Verhältnis des Endlichen zum Unendlichen, was wir eben in konkreterer Form als Verhältnis des subjektiven Ich zum Allgemeinen betrachtet haben. Das Endliche ist nur wesentliches Moment des Unendlichen, das Unendliche ist die absolute Negativität, d. h. Affirmation die aber Vermittelung in sich selbst ist. Diese Einheit des Unendlichen ist an sich keine Wahrheit, sondern es will sich dirimieren[21], es ist darin erstens die Affirmation, dann zweitens Unterscheidung, und drittens tritt die Affirmation neben das Besondere, dies dritte ist erst das Wahre. Der Standpunkt des Endlichen ist ebenso wenig das Wahre, sondern es muss sich aufheben und dies Negieren ist erst das Wahre. Das Endliche also ist wesentliches Moment des Unendlichen in der Natur Gottes, und so kann man sagen, Gott ist es selbst der sich verendlicht, Bestimmungen in sich setzt. Gott erschafft eine Welt, Gott bestimmt, außer ihm ist nichts zu bestimmen da, er bestimmt sich, indem er sich denkt, setzt sich ein Anderes gegenüber, er und eine Welt sind zwei. Er ist so das Endliche gegen Endliches, das Wahrhafte aber ist, dass sie nur eine Erscheinung ist, er sich selbst darin hat. Das Schaffen ist die Tätigkeit, darin liegt der Unterschied und darin das Moment des Endlichen, doch dies Bestehen des Endlichen müssen wir auch wieder aufheben. Es sind zwei Unendlichkeiten nach dieser Betrachtung, die wahre und die bloß schlechte des Verstandes und so ist denn das Endliche Moment des göttlichen Lebens.

Hier gelten die Formen eines Satzes nicht mehr. Gott ist unendlich, ich endlich, sind falsche schlechte Ausdrücke, Formen die dem nicht angemessen sind, was die Idee ist, was die Natur der Sache ist. Das Endliche ist nicht das Seiende, ebenso ist das Unendliche nicht fest, diese Bestimmungen sind nur Momente des Prozesses.

Die Alten haben besonders diese Abstraktionen gehabt, es sind Erzeugnisse des Beginnens des reflektierenden, abstrakten Denkens. Plato hat indessen schon das Unendliche als das Schlechte erkannt und das Bestimmte als das Höhere. Das Wahre ist die Einheit des Unendlichen in der das Endliche enthalten.

Das Resultat ist dass wir uns von dem Schreckbild des Gegensatzes des Endlichen und Unendlichen losmachen müssen. Gegen das Verhalten von Gott zu wissen, lässt man das Schreckbild los, dass dies eine Anmaßung sei, diese Anmaßung kommt der Philosophie, wie der Religion zu. Es ist auf diesem Standpunkt gleichgültig ob ich den Inhalt Gott denkend erkenne, oder ihn durch Autorität für wahr halte, durch Offenbarung, gegen beides wird das Schreckbild der Anmaßung Gott erkennen, durch Endliches Unendliches erfassen zu wollen, aufgestellt. Dies Schreckbild des Gegensatzes und der Anmaßung müssen wir uns ganz entschlagen[22] und zwar durch die Einsicht was es mit solchem Gegensatz von Endlichem und Unendlichen für Bewandtnis hat.

Die andere Form die dem affirmativen Wissen Gottes entgegen steht, ist die subjektive Unwahrheit, die das Endliche sich behält und die Eitelkeit des Endlichen eingesteht, aber dies zugestandene bekannte Eitele doch behält und zum Absoluten macht.

Dieser Eitelkeit der sich erhaltenden Subjektivität, diesem Ich, entschlagen wir uns, uns in die Sache versenkend, es wird Ernst mit der Eitelkeit gemacht. Dies ist eine Folge in Rücksicht auf unser Tun.

Wir haben es nun versucht durch Beobachtung zur Religion zu kommen und so sind wir zum Bewusstsein des Endlichen und Unendlichen gekommen und auf den Standpunkt, wo das Bewusstsein das Letzte ist, so dass das Endliche sich behält und sich zum einzigen Affirmativen macht.

Das Beobachten das diesen Standpunkt findet sagt nun, es findet nur ein solches Verhältnis und es ist deshalb unmöglich von dem Absoluten, von Gott, zu wissen. Dies Unmöglich ist darauf gestützt, dass in dem beobachtenden Bewusstsein dergleichen nicht wahrgenommen wird. Nimmt man Möglichkeit und Unmöglichkeit im bestimmten Sinn, so betreffen beide das Innere den Begriff eines Gegenstandes, das was er an sich ist, sie müssen also durch die Natur des Begriffs selbst entschieden werden. Auf dem Standpunkt des Bewusstseins als beobachtendes, auf diesen Standpunkt des Beobachtens, kann aber nicht von dem Inneren, dem Begriff gesprochen werden, denn dieser tut Verzicht darauf, zu erkennen das was das Innere anbetrifft, er hat nur das vor sich was in das äußere Bewusstsein fällt. Möglichkeit und Unmöglichkeit fallen aber nicht in diese Sphäre. Das beobachtende Bewusstsein soll nun endlich gar das sein, woraus der Begriff hervorgehen soll und möglich nur das was aus der Erfahrung hervorgeht.

Dieser Standpunkt des Bewusstseins beschränkt sich auf das Endliche, indessen gibt es noch andere Sphären die beobachtet werden können, nicht bloß diese, deren Inhalt nur Endliches gegen Endliches ist, und es ist Willkür hierbei stehen zu bleiben. Das religiöse Bewusstsein, in Form der unbefangenen Religiosität, der Andacht, oder in der Form der religiösen Erkenntnis kann beobachtet werden und gibt ein anderes

Resultat als der Standpunkt des endlichen Bewusstseins. Dies Beobachten kann angestellt werden an Anderen oder an denjenigen die sich nur auf diesen Standpunkt des endlichen Bewusstseins stellen wollen. Beschränkt sich das Bewusstsein auf diesen Standpunkt, so kann es wohl sein, dass die religiöse Empfindung affirmativer ist als das Bewusstsein, es kann im Herzen mehr sein als im Bewusstsein, insofern es bestimmtes, erkennendes, beobachtendes Bewusstsein ist, beides kann unterschieden sein. Es ist der Standpunkt des Erkennens und ich muss hier mein Bewusstsein ausgleichen mit dem was ich als Geist an und für mich selbst bin.

Die Überzeugung dass der Geist nur ein negatives Verhältnis zum Inhalt, zu Gott, hat ruiniert, verderbt die Empfindung, die Andacht, die religiöse Empfindung. Denn Denken ist die Quelle, der Boden auf dem das Allgemeine überhaupt, Gott, ist, das Allgemeine ist im Denken und für das Denken. Dies Denken, der Geist in seiner Freiheit hat den Inhalt der Wahrheit und konkreter Gott, er liefert ihn der Empfindung, sein Inhalt ist der Gehalt der Empfindung in Rücksicht auf Religiosität. Wenn man im denkenden Bewusstsein festhält, dass kein affirmatives Verhältnis zu Gott sei, so geht damit der Empfindung der Inhalt aus, wenn jene Sphäre sich selbst leermacht, so ist auch die Empfindung ohne Inhalt, wie ich nicht sehen kann ohne äußeres Licht. Wenn der Inhalt auf diesem Boden negiert, von ihm vertrieben wird, so ist das nicht mehr vorhanden, was die Bestimmung der Empfindung abgibt. Wenn daher einerseits zugegeben werden kann, dass in der Andacht mehr sein kann als im religiösen Bewusstsein, so ist es andererseits Willkür oder Ungeschicklichkeit, dass das was in ihm selbst, oder bei anderen vorhanden nicht beobachtet wird. Eigentlich aber ist diese Willkür, diese Ungeschicklichkeit hier nicht erst eintretend, sondern wenn nur beobachtet werden soll, so ist damit die Beobachtung auf das Feld der Endlichkeit beschränkt, denn beobachten heißt sich zu einem Äußerlichen verhalten, was darin äußerlich bleiben soll. Dies ist nur insofern gesetzt als es sich selbst äußerlich ist, das ist das Endliche. Wenn man also auf dem Standpunkt des reinen Beobachtens steht, so hat man nur solches was äußerlicher Gegenstand, endlich und sich überhaupt äußerlich ist. Auch das spekulative Denken kann man beobachten, aber es ist nur für den Denkenden selbst, ebenso ist die Frömmigkeit nur für den Frommen, Religion für den Religiösen d. h. der zugleich das ist, was er beobachtet. Hier ist es der Fall, dass gar nicht bloß beobachtet wird, sondern der Beobachter ist außer dem Gegenstand, in einem Verhältnis, so dass das Beobachtete nicht rein ein äußeres ist, er ist nicht rein Beobachter, nicht bloß in einem negativen Verhältnis zum Beobachteten.

Es folgt nun, dass um den Boden der Religion zu finden wir das Verhältnis des Beobachtens aufgeben müssen, wir müssen diesen empirischen Standpunkt verlassen, eben deswegen weil er nur dieser ist. Die Reflexion hat zwar das Verhältnis des Endlichen zum Unendlichen, dies ist jedoch selbst nur als ein Negatives gesetzt. Sie geht zwar fort bis zur Forderung das Endliche als Endliches zu setzen, aber es ist gezeigt worden, dass diese Forderung nur in Beziehung auf das Affirmative sein muss.

Hiermit gehen wir zu dem Standpunkt des spekulativen Begriffs der Religion über.

Die Vernunft ist der Boden auf dem die Religion allein zu Hause sein kann. Die Grundbestimmung ist das affirmative Verhalten des Bewusstseins, welches nur ist als Negation der Negation, als das Sichaufheben der Bestimmungen des Gegensatzes die von der Reflexion als beharrend genommen werden. Der Boden der Religion ist insofern das Vernünftige und näher das Spekulative. Die Religion ist aber nicht nur so ein Abstraktes, ein affirmatives Verhalten wie es eben bestimmt ist zum

Allgemeinen, wäre sie nur so, so würde aller weitere Inhalt außer ihr sich befinden, wäre er dann in der Wirklichkeit, so müsste es noch andere Wirklichkeit außer der Religion geben.

Der Standpunkt der Religion ist dieser, dass das Wahre zu dem das Bewusstsein sich verhält allen Inhalt in sich hat und dies Verhalten ist damit selbst sein Höchstes, sein absoluter Standpunkt.

In der Philosophie aber ist notwendig, die Notwendigkeit dieses Standpunkts, die Erzeugung des Begriffs, der hier als Definition hingestellt ist aufzuzeigen, oder es muss die Stelle gezeigt werden, wo die Notwendigkeit dieses Standpunkts liegt.

Wir könnten so von der Religion etwas feststellen und beweisen, dass es in unserer Vorstellung so liegt, aber es gibt auch andere Vorstellungen und die Vorstellung ist nicht Maßstab des Gedankens. Über die Notwendigkeit des Inhalts ist nun Rechenschaft zu geben, er ist als notwendig aufzuzeigen, ist dies geschehen so können wir näher sagen, dies ist die Religion und können unbekümmert sein, ob andere anderen Inhalt, andere Bestimmungen für sie haben. Dies tut dann keinen Eintrag, denn es ist uns um den Inhalt zu tun und der Streit könnte nur der sein, ob dies Religion sei oder nicht was der Vorstellung angehört, der Inhalt gilt an und für sich, wenn seine Notwendigkeit fest steht. Es ist Willkür zu sagen, dies ist Religion.

Von der Notwendigkeit wissen wir soviel, dass wenn sie von etwas aufgezeigt werden soll, von einem Anderen ausgegangen werden muss, von ihm aus kommt man durch seine Natur auf einen gewissen Inhalt und das was so folgt ist als Notwendiges bezeichnet.

Aber es erhellt, dass wenn wir von der Religion anfangen wollen, der andere Inhalt hinter uns liegt; das zweite ist, dass wenn wir so die Notwendigkeit auffassen, so liegt darin die

Bestimmung der Vermittelung und der Inhalt den wir Religion heißen erscheint so als vermittelt, als Resultat aus einem Anderen, eine Bestimmung die unpassend erscheint, wenn Religion das Höchste, an sich der erste Standpunkt sein soll, der schlechthin durch sich selbst gesetzt sein muss, wir verwickeln uns so in eine Mangelhaftigkeit, aber diese Mangelhaftigkeit des Verhältnisses, nach welcher die Notwendigkeit als Vermitteltes erscheint hebt sich auf, indem wir wahrhafte Notwendigkeit betrachten, oder in der vernünftigen Notwendigkeit ist es enthalten, dass sie diesen Schein vertilgt, sich zum Affirmativen aufhebt. Es sind hier drei Momente zu betrachten.

1. Die Notwendigkeit als ein Verhältnis, wo die Religion die Stellung erhält von anderen Inhalt herzukommen, gesetzt zu sein.

2. Dass die Einseitigkeit dieses Verhältnisses dieser Weise der Notwendigkeit gezeigt wird als sich aufhebend, wodurch hervorgeht dass das was wir als Verlauf gesehen haben, in der Religion selbst enthalten ist.

3. Die Bestimmung dieser Formen selbst.

Vorher ist noch zu bemerken dass der Begriff der Religion aber auch selbst, eben weil das Verhältnis der Notwendigkeit sich aufhebt, innerhalb ihrer selbst fällt und der Schluss der Religion, die wahrhafte Religion die ist, die die Religion sich selbst hervorbringt, die das was Religion ist zu ihren Gegenstand hat.

Wenn wir bisher den Ausdruck Bewusstsein gebraucht haben, so drückt dies nur die Seite der Erscheinung des Geistes aus. Ich bin so als Verhältnis bestimmt, der Geist ist aber wesentlich dies, nicht bloß im Verhältnis zu sein, in das Bewusstsein fällt das Endliche, das Objekt bleibt darin selbstständig stehen. Der Geist ist nicht nur in der Weise des Verhältnisses, nicht bloß Form des Bewusstseins. Insofern abstrahiert wird von diesem Verhältnis so sprechen wir vom Geist und das

Bewusstsein fällt dann als Moment in das Sein des Geistes, wir haben damit ein affirmatives Verhältnis des Geistes zum absoluten Geist. Dies ist nicht bloß ein Verhalten des Geistes zum absoluten Geist, sondern der absolute Geist ist selbst das Sichbeziehende auf das, was wir als Unterschied auf die andere Seite gesetzt haben, und höher ist so die Religion die Idee des Geistes der sich zu sich selbst verhält, das Selbstbewusstsein des absoluten Geistes. Hierin fällt sein Bewusstsein, das vorher als Verhältnis bestimmt war. In der höchsten Idee ist die Religion so nicht die Angelegenheit eines Menschen, sondern sie ist wesentlich die höchste Bestimmung der absoluten Idee selbst.

Hiermit habe ich vorläufig den Begriff der Religion vorausgestellt.

Indem sich der Geist an sich selbst unterscheidet tritt die Endlichkeit des Bewusstseins ein, aber dies endliche Bewusstsein ist Moment des Geistes selbst, er ist das Sichunterscheiden, das Sichbestimmen d.h. sich als endliches Bewusstsein setzen. Es ist demnach nicht von dem Standpunkt des endlichen Bewusstseins, dass wir die Religion betrachten, sondern jene Idee entwickelt sich schon bei der oberflächlichen Betrachtung.

Das Weitere ist die Notwendigkeit dieses Standpunkts. Der absolute Geist in seinem Bewusstsein ist sich wissen, weiß er Anderes, so hört er auf absoluter Geist zu sein. Auf diese Bestimmung wird hier behauptet, dieser Inhalt sei die absolute Wahrheit, alle Wahrheit, so dass diese Idee allen Reichtum der natürlichen und geistigen Welt in sich fasst, die einzige Substanz und Wahrheit dieses Reichtums ist und alles nur Wahrheit hat in ihr als Moment ihres Wesens. Dass so dieser Inhalt der Religion die absolute Wahrheit ist, dies muss bewiesen werden. Diese Deduktion fällt außer unsere Wissenschaft. Dass der Inhalt die absolute Wahrheit ist, hat keinen anderen

Sinn als die Notwendigkeit anzuzeigen, da fangen wir aber bei einem Anderen an. Der Beweis des Inhalts hat also zunächst den Gang, dass er den Inhalt als Resultat eines anderen Inhalts zeigt.

Zuerst ist anzugeben wo dieser Gang zu finden ist und zweitens wie er dargestellt wird. Das Andere von dem angefangen wird ist nichts anderes als die endliche Welt und das Bewusstsein der endlichen Welt, dies macht den Anfang aus und von ihm wird notwendig übergegangen zu diesem Resultat. Von der Notwendigkeit wird später bemerkt werden, dass sie wesentlich Moment ist im absoluten Geist. Es ist also der Übergang zu zeigen von einem endlichen Anfang zu einem mehr oder weniger abstrakten, absoluten Inhalt. Es kann dies abstrakter gehalten werden oder entwickelter, so dass die Entwickelung durch den Begriff geschieht. Abstrakter ist sie, wenn wir den Inhalt nur allgemein bestimmen als Negation des Negativen, diese Vermittelung wesentlich in sich enthaltend, man kann dann den Übergang machen vom Endlichen zum Absoluten. Vanini[23] sagt jeder Strohhalm reicht hin das Dasein Gottes zu beweisen. Wenn dieser Weg entwickelt und durch den Begriff in seiner Ausführung gemacht wird so ist er Philosophie überhaupt oder spezieller Religionsphilosophie und das Unmittelbare ist dann die Natur überhaupt, oder das Logische wie es sich entschließt zur Natur überzugehen, sich in dieser Äußerlichkeit zu verlieren. Das Weitere ist in der Philosophie, dass die Natur betrachtet wird und die Betrachtung durch den Begriff zeigt auf, dass der innewohnende Begriff der Natur die Äußerlichkeit aufhebt, in der der Begriff als Natur ist, dass diese Äußerlichkeit dem Begriff widersprechend sich auflöst, der Begriff sich eine höhere angemessenere Weise, als die natürliche Äußerlichkeit in der er als Natur Realität hat, bildet. Die Betrachtung der Natur zeigt den Stufengang der Natur auf, als eine Reihe von Stufen, wie der Begriff der in ihr nur an sich ist, diese seine Rinde durchbricht und in die Erscheinung tritt, für sich zu sein, zu erscheinen wie er ist. Die Natur erinnert sich, nimmt die Äußerlichkeit in die Identität ihres Centrums zurück oder das Centrum wird herausgerückt ins äußerliche Dasein. Die Notwendigkeit der Natur ist den Geist zu setzen als ihre Wahrheit, in ihr ist der Begriff verloren im Außereinander, die Natur ist ewiges Hervorgehen und Auflösen dieser Äußerlichkeit, sie hat an sich die Bestimmung zum Geist zu werden.

Der Geist in seiner Unmittelbarkeit ist der endliche, natürliche Geist, er hat Anlagen d.h. er ist zunächst nur ganz die abstrakte Identität seines Begriffs und seiner Erscheinung. Die Natur ist an sich Idee, das ist für uns im denkenden Betrachten. Dass sie als Idee für uns und an sich ist fällt in der Natur auseinander, im Geist ist diese Identität dieses für ihn sein, was er an sich ist, dass das was er an sich ist, auch ihm erscheint d.h. die Idee in der Erscheinung ist. Die Betrachtung des endlichen Geistes hat zum Resultat die Idee des absoluten Geistes.

Dieser Gang des erkennenden Begriffs ist es, wodurch der Inhalt von dem gesprochen worden, der seiner bewusste absolute Geist, als notwendig aufgezeigt wird, als die Wahrheit von Allen, als die absolute Wahrheit. Die Philosophie ist dann der methodische Beweis, dass dieser Inhalt die absolute Wahrheit ist. Dieser Gang ist es der vor unserer Wissenschaft liegt, wir haben so diese Wissenschaft hier vorauszusetzen, sonst müssten wir die ganze Philosophie durchnehmen. Dies ist die Art wie der Beweis allein geführt werden kann.

Das Zweite über den Gang ist, dass er noch einseitig ist, dass in ihm eine schiefe, falsche Bestimmung liegt, nämlich die, dass wir von etwas Anderem anfangen, entweder vom logisch Abstrakten, oder von der konkreten Natur, vom endlichen Sein, und weil wir so von Anderen anfangen der Inhalt als nicht absolut erscheint, sondern als Resultat, nicht absolut.

Diese Seite scheint der Gang an sich zu haben, die absolute Wahrheit soll aber nicht Resultat sein, sie ist das schlechthin Erste, die absolute Erfüllung in der alles nur Moment ist. Aber es ist damit zu bemerken, dass wenn zwar zunächst der Gang als vermittelnd erscheint, so ist es doch in diesem Resultat selbst, dass sich die Einseitigkeit aufhebt oder dass das Resultat dies abwirft Resultat zu sein, der Widerstoß ist, gegen diese Bewegung. Näher ist dies so bestimmt, dass eben das Erste, entweder die logische Abstraktion des Seins oder die endliche Welt, dies erste, Unmittelbare, nicht gesetzt Erscheinende, dass dies in dem Resultat selbst gesetzt wird als ein Gesetztes, nicht Unmittelbares, dass es degradiert wird vom Unmittelbaren zum Gesetzten, so dass der absolute Geist vielmehr das Wahre ist.

Der absolute Geist der sich bewusst ist, ist so das Erste und einzige Wahre. Die endliche Welt, die so ein Gesetztes ist, ist hiermit ein Moment in diesem Geiste, in diesem Inhalt, und es ist nicht nur nach der Methode, nach der äußerlichen Weise des Ganges, dass sich das Unmittelbare so aufhebt, sondern es gehört dies wesentlich zum Resultat selbst, gehört zu seinem Inhalt.

So ist denn das was wir gesetzt haben, jener Gang, das erste Moment, das andere Moment ist ebenso Bestimmung in dem absoluten Inhalt selbst. Beides ist eine Bewegung, eine Vermittelung die sich zusammenschließt, beides zusammen macht die Tätigkeit Gottes in ihm selber aus und auf diesem Standpunkt ist es, dass uns jener Gang und jenes zweite Moment innerhalb der Idee vorkommt, als Tätigkeit, Bewegung derselben selbst. Populär heißt dies, Gott erschafft die Welt. Gott setzt dies ihm als Anderes verschiedenes, so dass es ein natürlich Gesetztes ist, dass die Welt das ist ihm angehörig zu bleiben und die Bewegung hat, sich in ihn zurückzubegeben.

Was wir also gesagt haben von diesem Gang ist, dass er sich zuerst zeigt als ein Gang vor der Religion, das Zweite ist dass er

Moment innerhalb der Religion ist, aber in anderer Gestalt und Form als in jener ersten Weise, wo er gleichsam nur unbefangen in Rücksicht auf Gott ist, hier ist Gott schlechthin das Erste. Dies ist nun auch das was dann in der Idee des absoluten Geistes liegt. Der Geist ist für sich d. h. macht sich zum Gegenstand, ist gegen den Begriff, für sich selbst bestehend, das was wir Welt, Natur heißen, diese Diremtion[24] ist erstes Moment. Das Andere ist, dass dieser Gegenstand sich selbst bewegt zu dieser seiner Quelle, diese Bewegung macht das göttliche Leben aus. Der Geist als absoluter ist zunächst das Sicherscheinende, das für sich seiende Fürsichsein, die Erscheinung als solche ist die Natur, und er ist nicht nur das Erscheinende, sondern das Fürsichselbstsein, das Sicherscheinende, damit ist denn Bewusstsein als solches gesetzt. So ist das zunächst als Notwendigkeit betrachtete Moment innerhalb des Geistes selbst und wir haben dem Wesen nach jene Notwendigkeit auch innerhalb der Religion, aber nicht als unmittelbares Dasein, sondern als Erscheinung der Idee, nicht als Sein, sondern als Erscheinung des Göttlichen. Dies ist also das Verhältnis der Notwendigkeit zu unserem Inhalt und dies ist es was wieder selbst die Bestimmung abgibt in ihm, den Begriff gibt von dem was unser Gegenstand ist.

In Rücksicht darauf könnten wir nun sagen, dass wir den Begriff unseres Gegenstands festgesetzt hätten und von ihm zur Abhandlung übergehen könnten. Die Abhandlung ist nichts anderes als dass der Begriff sich zur Idee entwickelt und dass wir diese Entwickelung betrachten.

Der Begriff der Religion ist hier noch sehr abstrakt und es könnte gefordert werden ihn in konkreterer Form darzulegen, aber die konkretere Weise des Begriffs ist in der Tat eine Produzierung des Begriffs durch sich selbst, er ist abstrakt als Begriff, er selbst ist es der sich konkret macht, er vollendet sich zur Totalität, so dass der Begriff sich selbst zum Gegenstand wird. Der nächste Begriff den wir so festgesetzt haben ist das Selbstbewusstsein des absoluten Geistes, dies Selbstbewusstsein, dass er für sich ist, für sich ist er Geist, das worin ein Unterschied seiner von ihm ist, dies ist Moment der Natur. Populär gesprochen heißt dies, Gott ist die Einheit des Natürlichen und Geistigen, der Geist ist aber Herr der Natur, so dass beides nicht mit gleicher Würde in dieser Einheit ist, sondern so dass die Einheit der Geist ist, kein Drittes worin beide neutralisiert werden, sondern diese Indifferenz beider ist selbst der Geist. Er ist einmal eine Seite und das andere Mal das was über die andere Seite übergreift und so die Einheit beider ist. Die fernere Abhandlung ist demgemäß nichts anderes, als dass wir die weiteren konkreten Bestimmungen des Geistes vorlegen.

Der Begriff Gottes ist nun der Begriff der Idee, dieser Inhalt muss sich als Idee entwickeln und die Abhandlung der Religionsphilosophie stellt nichts anderes dar, als diese Entwickelung des Begriffs der Idee. Die näheren Momente stellen uns zugleich die näheren Einteilungen, Formen dar in welchen die Religion betrachtet werden muss. Diese Bestimmung der Entwickelung der Idee ist es, worin die Angabe der allgemeinen Teile enthalten ist, in die unsere Abhandlung zerfällt.

Das Geistige ist die absolute Einheit des Geistigen und Natürlichen, so dass dies nur ist ein vom Geist Gesetztes, Gehaltenes. In dieser Idee sind folgende Momente:

1. Die substantielle, absolute, subjektive Einheit beider Momente, die Idee in ihrer sich selbst gleichen Affirmation.

2. Das Unterscheiden selbst, das Sein für Eines und für ein Anderes.

3. Dass das Unterschiedene sich setzt in die absolute Affirmation.

Die beiden ersten Momente sind die des Begriffs, die Art und Weise wie die Beziehung des Geistigen und Natürlichen im Begriff enthalten*[.]* Das Weitere ist, dass sie nicht bloß

Momente des Begriffs sind, sondern selbst die beiden Seiten des Unterschiedes, was dann als 2tes Moment genannt ist.

Dies Zweite ist das was im Geiste Bewusstsein ist. Das Bewusstsein ist ein Setzen von Zwei die unterschieden sind, aber dies ist nichts anderes, als dies Unterscheiden der Momente selbst, dies Unterscheiden bestimmt sich zu einem Verhältnis und jene Momente machen so den Inhalt der Seiten des Verhältnisses aus. In dem Bewusstsein ist die eine Seite die gediegene, substantielle Einheit der Idee, Gott als seiender, als auf sich sich beziehende Einheit. Die andere Seite des Unterschieds ist das Unterscheiden, welches das Bewusstsein ist, für welches die gediegene Einheit ist, diese bestimmt sich so als endliche Seite. Gott ist also seiend und erscheinend für das Bewusstsein, nicht bloß seiend, sondern indem er seiend für Anderes ist, ist er erscheinend. Ein nicht erscheinender Gott ist ein Abstraktum. Dies Unterscheiden oder die Seite des Bewusstseins ist in die absolute Affirmation zurückgehend zu fassen, ein Erscheinen das sich ewig zur Wahrheit der Erscheinung erhebt. In das Unterscheiden fallen wie gesagt beide Momente, die substantielle Einheit ist demnach eine Seite des Verhältnisses. Das Zurückgehen des Unterschiedenen zur absoluten Affirmation ist das dritte Moment. Diese drei Momente sind es die zur Realität des Begriffs gerechnet werden müssen.

Jene beiden Seiten sind auch so zu bestimmen, dass die Einheit, jene erste die theoretische ist, die Weise der Vorstellung des Seienden, Objektiven, die Art der Vorstellung der göttlichen Erscheinung, des göttlichen Seins. Die zweite ist die praktische, die Tätigkeit des Aufhebens der Entzweiung, die Seite der Form, die Form der Freiheit, die Subjektivität als solche ist, hier ist dann zu betrachten die Subjektivität, das Selbstbewusstsein in seiner Bewegung, in seinem bestimmten Tun, Verhalten. Die erste Seite ist die der Vorstellung Gottes, die zweite ist die des Kultus. Beide sind im Zusammenhang, die Bestimmung die Gott zukommt, kommt auch dem Bewusstsein in seiner Beziehung zum Kultus zu.

1. Vorstellung Gottes. Hier ist nicht Gott überhaupt, sondern Gott in der Vorstellung. Gott erscheint, aber nicht nur überhaupt, sondern er ist wesentlich sich zu erscheinen, denn er ist Geist, in seiner Erscheinung ist zugleich Reflexion in sich. Sein Erscheinen bestimmt sich daher näher so, dass er sich erscheint, ist Erscheinen, aber ihm selber zu erscheinen, er ist so Gegenstand und zwar Gegenstand seiner selbst. Das Zweite ist dass er sich erscheine, wie er an und für sich ist. Diese Bestimmungen sind in dieser Rücksicht die Grundlage.

Das Erste, das abstrakte Erscheinen ist die Natürlichkeit, die Natur überhaupt. Erscheinen ist Sein für Anderes, eine Äußerlichkeit unterschieden für einander, zuerst daher unmittelbares Erscheinen, noch nicht reflektiertes. Dies ist die logische Bestimmung. Dies Sein für Anderes ist zunächst Natürlichkeit. Was für ein Anderes ist, ist auf sinnliche Weise, selbst der Gedanken der nicht bloß subjektiv bleiben soll, sondern für ein Anderes, das Selbstständigkeit von Gedanken ist, sein soll bedarf ein sinnliches Medium ein Zeichen, das sich für ihn hinstellen muss.

Aber zweitens ist Gott wesentlich sich erscheinend, also ist der Gegenstand nicht nur als ein natürlicher, sondern als sich erscheinend, als Bewusstsein, Geistigkeit bestimmt. Dies ist eine mehr oder weniger formelle Bestimmung. Zunächst ist sie überhaupt formell. Von keiner Religion kann man sagen, dass die Menschen, die Sonne, das Meer, die Natur angebetet hätten, es ist ihnen damit nicht mehr dies Prosaische[25], was es für uns ist, indem diese Gegenstände ihnen göttlich sind, sind sie zwar noch natürlich, aber damit dass sie Gegenstände der Religion sind, sind sie zugleich vorgestellt mit einer geistigen Weise. Die Betrachtung der Sonne, der Sterne pp ist außerhalb der Religion. Die sogenannte prosaische Ansicht der Natur, wie sie für das verständige Bewusstsein ist, ist erst eine spätere Trennung, dass sie vorhanden sei dazu gehört eine viel tiefer zurückgehende Reflexion. Wenn wir nach unserer gewohnten Bildung von Einheit der Natur und des Geistigen sprechen, so denken wir dabei als ob der Geist mit der Natur erst durch die Fantasie vereinigt werde, es wird so mit der Trennung angefangen und dies setzt eine höhere Freiheit der Reflexion voraus.

Die erste Weise der Erscheinung ist also Natürlichkeit, die die Subjektivität des Geistes überhaupt, zum Centrum hat. Jetzt kommt es auf das Verhältnis dieser beiden Bestimmungen gegeneinander an.

An sich ist Gott der Geist, dies ist unser Begriff von ihm, das Andere ist, dass er als Geist gesetzt sei, dazu gehört dass seine Bestimmtheit die Seite der Realität an der Idee, dem Begriff gleich sei. Das was so Bestimmtheit genannt ist, ist das was wir als Natürlichkeit gesehen haben. Diese Weise der Erscheinung macht die Bestimmtheit des Begriffs von Gott aus. Die Hauptsache ist das Verhältnis der Realität zum göttlichen Begriff zu sehen, zu sehen ob der Geist als Geist ist d. h. der Begriff und auch die Realität als dieser Geist.

Noch ist zu bemerken, dass die Natürlichkeit, das natürliche Sein, unmittelbare Naturwesen, dies zunächst Bestimmte auch noch auf andere Art ist, es kann nämlich auch reflektierte Bestimmtheit sein, die jedoch noch so beschaffen sein kann, dass sie noch nicht die bestimmte konkrete Bestimmtheit ist die den Begriff des Geistes ausmacht. Diese Bestimmtheit ist nicht so ein Mannigfaltiges wie das Naturleben, sondern mit der Reflexion tritt zugleich ein, dass die Bestimmtheit eine Gleichheit habe mit dem Begriff, zunächst aber nur eine abstrakte Gleichheit. Die Reflexion vereinfacht die unendliche Äußerlichkeit bringt sie auf den Boden des Begriffs, aber eben nur auf den Boden, dies Denken, das zwar die Allgemeinheit, den Boden des Begriffs, zum Prinzip hat, macht damit dass es nur bei der Abstraktion stehen bleibt, dass dies Allgemeine nur eine Bestimmtheit ist. So z. B. ist Bruma der Indier so als dies Höchste, göttlicher Begriff, aber als dies nur bei sich Seiende, sich Denkende, außer welchem dann aller übrige Inhalt, alle übrige Gestaltung fällt, dies ist dann das unzählbare Heer der indischen Götter. Der jüdische Gott ist zwar auch der eifrige Gott, der keine anderen Götter neben sich duldet, diese Einzigkeit ist selbst noch die abstrakte Einheit, noch nicht diese Bestimmtheit, diese Realität die dem Begriff des Geistes entspricht, die schlechthin in sich konkret ist. Denn jeder Gott ist Gott im Geist, aber noch nicht als Geist, ein Unsinnliches nur Abstraktum des Gedankens, noch nicht die Erfüllung in sich, die es zum Geist macht.

Diese zwei Bestimmtheiten, sind die Hauptbestimmtheiten, also die uns zunächst erscheinen müssen als die Weise der Realität des Geistes. Als Bestimmtheiten sind sie dem Begriff des Geistes nicht angemessen, sie sind Endlichkeiten, auch diese Unendlichkeit dass ein Gott ist, die abstrakte Affirmation. Sie entsprechen dem Begriff nicht, oder diese Religionen, sind noch nicht die wahrhafte Religion, noch nicht Gott in seiner Wahrhaftigkeit, denn der absolute Inhalt des Geistes fehlt ihnen. Die wahrhafte Religion entspricht ihrem Inhalt, in ihr haben wir das Letzte und Höchste, dass der Inhalt sich nach sich erhebe, die Erscheinung wie der Geist an und für sich ist, der Inhalt gemäß dem Begriff des Geistes ist. Hier ist dann Gott sich offenbar, dann ist nichts verborgenes mehr in ihm, seine ganze Natur ist in die Erscheinung herausgetreten. Offenbar ist er noch nicht, solange die Erscheinung noch ungleich ist mit seinem Begriff. Dies ist dann also die vollendete Religion. In Ansehung derselben ist zu bemerken, dass dieser Inhalt selbst, die Realität, diese Weise der Erscheinung die den Inhalt Gottes ausmacht schlechthin geistiger Inhalt ist, der aber noch in der Weise der Natürlichkeit sein kann, in dieser Weise der Vorstellung nicht sinnliche aber geistige Natürlichkeit. In Rücksicht auf den Unterschied mit dem Vorhergehenden ist zu bemerken, dass sich in dieser Religion der Inhalt dem Begriff des Geistes gemäß darstellt, so dass die Weise nur Form ist, die den Inhalt nicht mehr betrifft. Auf diesen Unterschied beziehen sich Religion und Philosophie in ihrer Verschiedenheit. Die Philosophie kann der Religion entgegengesetzt erscheinen, oder es geschieht in ihr, dass Erscheinungsweisen, Formender Verhältnisse die in der Religion vorhanden sind, dass solche Formen ersetzt werden durch andere. Insofern nun in der positiven Religion diese Formen als wesentlich genommen werden, so scheint die Philosophie die Religion zu bekämpfen und es ist dann der Verstand der, wenn der Glauben nicht mehr unbefangen ist, das Hauptgewicht auf diese Formen legt, und das Wesentliche darin sucht. So wird denn die Religion tot und leer, das Alte ist noch vorhanden, aber der Geist ist verschwunden, weil das was nur Form ist als wesentlich erscheint und der Verstand hat denn leichtes Spiel ihr Ungenügendes zu zeigen, ihrer Meister zu werden.

Es ist das Eigentümliche der Philosophie den Inhalt der in der Vorstellung der Religion ist zu verwandeln in den des Gedankens, der Inhalt kann nicht verschieden sein. Religion ist Selbstbewusstsein des absoluten Geistes, da gibt es nicht zweierlei Selbstbewusstsein, kein begreifendes, vorstellendes verschieden vom denkenden Selbstbewusstsein, es kann nur eine Verschiedenheit in der Form sein. Der nähere Unterschied zwischen Vorstellung und Gedanken ist hier vorauszusetzen.

Zu bemerken ist. Die Vorstellung hat eine äußerliche, sinnliche Weise, sie steht zwischen der unmittelbar sinnlichen Empfindung und dem eigentlichen Gedanken, der Inhalt ist sinnlicher Art, aber das Denken hat sich schon hineingewagt, aber den Inhalt noch nicht durchdrungen, nicht überwältigt.

Die Vorstellung greift daher leicht zu bildlichen Ausdrücken, Analogien oder zu unbestimmten Weisen. Solche Vorstellung z. B. ist das Erzeugen, der Sohn pp, Vorstellungen die aus dem Zusammenhang der natürlichen Lebendigkeit genommen sind, Erschaffen ist so eine unbestimmte Vorstellung den natürlichen Zusammenhang Gottes und der Welt auf allgemeine Weise ausdrückend.

Ferner erscheint der Zusammenhang zwischen dem Inhalt in der Vorstellung als nach einander geschehen, nicht in seiner Notwendigkeit die bloß dem Begriff als solchen angehört, er wird erzählt in der Religion und das Geschehene, was wesentlich Moment im Leben Gottes ist, erscheint dann bildlich, als natürlich geschehen in der Zeit und das weitere Moment des bestimmten Inhalts scheint dann darauf zu folgen; für den Begriff ist nur das Ansich der Zusammenhang.

So ist denn in der Religion nicht enthalten der Zusammenhang von allgemeinen Begebenheiten und besondren. In der Religion ist der Glauben an eine Vorsehung, aber es wird gesagt die Wege der Vorsehung sind unbegreiflich, der Gang des Schicksals eines Individuums, wie der großen Welt, sind unerforschlich. Hier wird der Zusammenhang aufgegeben, wonach der Zusammenhang der Begebenheiten vernünftigerweise bestimmt ist, aber die Idee dass eine solche vernünftige Weise vorhanden erhält sich, wird jedoch nicht nachgewiesen.

Ein dritter Zusammenhang wird dann auch in der Vorstellung der Religion als ein äußerlicher genommen oder es wird sich nicht eingelassen auf die nähere Notwendigkeit dieses Zusammenhangs. Dies ist die sogenannte Beglaubigung eines Inhalts der Religion. Der Zusammenhang zwischen diesem Inhalt und mir mit meinem Wissen, kann so vorgestellt werden, ich bin überzeugt, ich glaube an den Inhalt, und diese Überzeugung beruht auf diese oder jene äußern Umstände, Wunder pp.

Was nun den Zusammenhang des subjektiven Bewusstseins mit dem objektiven Inhalt betrifft, so haben wir diesen bei der Realität des Begriffs zu betrachten. Dies ist der Kultus, er ist die Beziehung des subjektiven Bewusstseins auf den Gegenstand der Gott ist, näher die praktische Beziehung auf diesen Gegenstand. Die Vorstellung ist denn auch Beziehung auf einen Gegenstand wie er für mich als seiender ist, und so kann denn also vom Glauben hier gesprochen werden.

Näher ist nun der Kultus das praktische Verhältnis des Subjekts zum Gegenstand, insofern die Entzweiung mit dem Gegenstand aufgehoben werden soll, welche erscheinen kann als in dem ersten Verhalten seiend. Hier ist zu betrachten die Seite der Freiheit, der Subjektivität, gegen die erste Seite welche die des Seins ist. Wir können so sagen, das Erste ist Gott in seinem Sein, das Zweite das Subjekt in seinem subjektiven Sein. Die erste Seite haben wir auch Vorstellung genannt, aber es muss gewusst werden, dass sie auch bezeichnet werden kann als die Seite Gott in seinem Sein, Gott ist, ist da, d. h. hat Beziehung auf das Bewusstsein. Gott ist bestimmt, er ist noch nicht der wahre Gott, insofern er nicht bestimmt, nicht beschränkt mehr ist in seinem Dasein seiner Erscheinung so ist er Geist, erscheint sich wie er an und für sich ist. Zum Sein Gottes gehört daher Beziehung auf das Bewusstsein, nur als abstrakter Gott ist er für dasselbe als Jenseits, als Anderes. Indem er ist, wie er in seiner Erscheinung ist, ist er für sich, in seine Erscheinung fällt daher das Bewusstsein und wesentlich Selbstbewusstsein, denn jedes Bewusstsein ist Selbstbewusstsein. Gott ist also wesentlich Selbstbewusstsein. Die Bestimmung des Bewusstseins fällt also auch in das Erste und das was wir Vorstellung von Gott genannt haben, heißt auch ebenso Sein Gottes.

Die 2te Seite ist der Kultus. Zunächst scheint sie auf das subjektive Selbstbewusstsein zu fallen, oder auf das Bewusstsein als solches, auf das Wissen, der Kultus erscheint als praktisches Verhältnis und dies im höheren Sinn ist wissende Geistigkeit, der Kultus ist daher als diese zu betrachten.

Das Erste in diesem Verhältnis ist das was wir Glauben nennen. In Rücksicht desselben ist zu bemerken, erstens scheint es auf den Grund, auf das Warum des Glauben anzukommen. Man kann nun dem Inhalt des Glaubens die Form der Vermittelung geben, er ist diese Form, er ist Wissen von Gott und seiner Bestimmung nach ist dies Wissen in sich ein Prozess, eine Bewegung, Lebendigkeit, es ist Vermittelung darin. Eben in der Freiheit liegt, dass sie nicht das ist was wir zunächst substantielle, gediegene Einheit genannt haben, nicht Vorstellung, sondern in der Freiheit bin ich als diese Tätigkeit, in der Affirmation die unendliche Negation in sich ist. Will man nun der Vermittelung die Form einer äußerlichen Vermittelung geben als Grund des Glaubens, so ist dies eine schiefe Form. Diese Vermittelung deren Grund etwas Äußerliches ist, ist falsch, es kann durch Belehrung, Wunder, Autorität pp an mich kommen. Dies kann der Grund vom Glauben als subjektiven Glauben sein, aber bei dieser Stellung des Inhalts, dass er als Grund für mich sei, ist dies grade das Schiefe und kommt es zum Glauben, so muss dies Äußerliche wegfallen, ich mache mir im Glauben das zu eigen, was so an mich kommt und es hört so auf ein Anderes für mich zu sein. Den unmittelbaren Glauben können wir so bestimmen, dass er ist das Zeugnis des Geistes vom Geiste, darin liegt dass in ihm kein endlicher Inhalt Platz hat, der Geist zeugt nur vom Geiste, die endlichen Dinge haben nur ihre Vermittelung durch äußere Gründe. Der wahrhafte Grund des Glaubens ist der Geist, und das Zeugnis des Geistes ist in sich lebendig. Die Beglaubigung kann in dieser äußerlich, formellen Weise erscheinen, aber diese muss wegfallen.

Es kann sein dass der Glauben an eine Religion anfängt von solchen Zeugnissen, von Wundern, in einem endlichen Inhalt.

Christus selbst hat gegen die Wunder gesprochen und hat die Juden geschmäht, dass sie Wunder von ihm forderten und zu seinen Jüngern gesagt, der Geist wird euch in die Wahrheit führen.

Es gibt also solche äußerliche Weisen von denen das anfangt was zum Glauben wird, ein Glauben an solche Weisen nennt man auch Glauben, aber er ist noch formell, es kann dies das sein wovon der Glauben anfangt, aber an dessen Stelle der wahrhafte Glauben treten muss. Dies muss unterschieden werden, geschieht dies nicht, so mutet man dem Menschen zu Dinge zu glauben, an die der Mensch auf einem gewissen Standpunkt der Bildung nicht mehr glauben kann. Es soll an Wunder so geglaubt werden und dies soll ein Mittel sein an Christus zu glauben, es mag ein Mittel sein, aber es wird doch immer auch für sich gefordert. Dies so geforderte Glauben, ist Glauben an einen Inhalt der zufällig ist d. h. der nicht der wahre ist, denn der wahre Glauben hat keinen zufälligen Inhalt. Dies ist besonders in Ansehung der Aufklärung zu bemerken, diese ist Meister geworden über diesen Glauben und wenn die Orthodoxie solchen Glauben fordert, so kann sie ihn bei gewissen Vorstellungen der Menschen nicht erhalten, weil er Glauben ist an einen Inhalt der nicht göttlich ist. Dies ist in Rücksicht der Wunder besonders zu bemerken. Ob bei der Hochzeit von Kanaan[26], die Gäste mehr Wein bekamen oder nicht ist ganz gleichgültig und ebenso zufällig ob jenem die verdorrte Hand geheilt wurde, denn Millionen Menschen gehen mit verdorrten und verkrüppelten Gliedern umher denen niemand sie heilt. So wird im alten Testament erzählt, dass bei dem Auszuge aus Ägypten rote Zeichen an die Türen der jüdischen Häuser gemacht wurden, damit der Engel des Herrn sie erkennen konnte, sollte dieser Engel nicht ohne das Zeichen die Juden erkannt haben? Dies Glauben hat kein Interesse für den Geist. Voltaires[27] bittersten Einfälle sind gegen die Forderung eines solchen Glaubens gerichtet. Er sagt unter andern es sei besser gewesen wenn Gott den Juden Belehrung über die Unsterblichkeit der Seele gegeben hätte, als dass er ihnen lehrt auf den Abtritt zu gehen (aller à la selle). Die Latrinen werden so ein Inhalt des Glaubens. Das Ungeistige ist seiner Natur nach kein Inhalt des Glaubens. Wenn Gott spricht, so ist dies geistig, denn es offenbart sich der Geist nur dem Geiste.

In neuerer Zeit hat ebenso die Theologie in der Exegese, ein Gewicht darauf gelegt in wie vielen Codicibus[28] diese oder jene fragliche Stelle sich findet. So ist eine Stelle in dem Briefe an den Thimoteus, welche nach dem griechischen Text, heißt, Gott, hoch gelobt in Ewigkeit, ein altes Stück in Oxford gefundenes Pergament dagegen heißt Christus hoch gelobt in Ewigkeit, eine Verschiedenheit die durch den Strich im θ[29] hervorgebracht wird, nun hat man aber wieder nachgewiesen, dass der Strich von der anderen Seite durchscheint pp

Wenn die Kritik von dem, was wir von der Natur Gottes wissen, auf solche Dinge beruht, so sind dies Zeugnisse die keine Zeugnisse sind. Der Inhalt der Religion ist die ewige Natur Gottes, nicht solche zufälligen, äußerlichen Dinge.

Als Mendelson von Jerusalem zum Übertritt zur christlichen Religion aufgefordert wurde, erwiderte er, seine Religion gebiete ihm nicht den Glauben an ewige Wahrheiten, sondern nur gewisse Gesetze, Handlungsweisen, Ceremonialgesetze, er sehe dies als einen Vorzug der jüdischen Religion an, dass ewige Wahrheiten in ihr nicht geboten würden, die Vernunft sei dazu weit reicher, das Andere sei von Gott festgesetzt worden. Diese ewigen Wahrheiten seien die Gesetze der Natur, Wahrheiten der Mathematik pp

Wir müssen freilich zugeben, dass sie ewig sind, aber sie sind von sehr beschränkten Inhalt, sind kein Inhalt des ewigen Geistes an und für sich, die Religion muss aber nichts Anderes als Religion enthalten und enthält als solche nur ewige Wahrheiten des Geistes, dies ist ihre Bestimmung, jenes Andere betrifft dann äußerliche Weisen des Gottesdienstes und insofern diese Gebote Gottes moralische Handlungen betreffen, so ist wieder das Geistige, die Gesinnung die Hauptsache, dies Befehlen ist aber in seiner höchsten Spitze, höchste Härte und kann irreligiös werden, was geglaubt werden soll, muss einen religiösen geistigen Inhalt haben.

Den Glauben haben wir nun als den Begriff des Kultus, als das Innere desselben bestimmt, oder als das erste Moment was darin zur Betrachtung kommt, er ist Gewissheit des absoluten Geistes in seiner Gemeinde, das Wissen derselben von ihrem Wesen, dies ist substantielle Einheit des Geistes mit sich, die wesentlich unendliche Form, Wissen in sich ist. Es ist also näher darin enthalten, zuerst das subjektive Selbstbewusstsein, das aber nur auf formelle Weise noch subjektiv ist, das schon von dem absoluten Inhalt wissende Selbstbewusstsein ist frei d. h. es tut von sich ab die Sprödigkeit des Fürsichseins, das als einzelnes sich ausschließend ist von seinen Gegenstand. Es weiß so von seinem Wesen und dass dies sein Wesen ist davon gibt es dem Gegenstand Zeugnis, dass es das Wahre ist. Als Wissen hat das Selbstbewusstsein einen Gegenstand, als Wesen ist er absoluter Gegenstand und dies ist kein anderer für das Selbstbewusstsein, insofern es frei ist, als das Zeugnis des Geistes. Der Geist wird nur von dem Selbstbewusstsein gewusst in seiner Freiheit, insofern also dies Wissen das freie ist, ist die Einheit des Selbstbewusstseins und der absolute Inhalt ist die substantielle Einheit, so dass die Einzelnheit schlechthin aufgehoben ist. Diese Einheit, die als das Zeugnis des Geistes von seinem Wesen ausgesprochen ist, das Zeugnis des Geistes vom absoluten Geiste, ist die Einheit des reinen Selbstbewusstseins in unendlicher Form, das ist Wissen als solches. Die Einheit beider, ist der absolute Inhalt der Form von sich ist d. h. der Wissen von sich ist und sich so bestimmt als Allgemeines gegen Einzelnes, so dass Letzteres nur als Schein ist. – Es ist dies das Spekulativste welches in dieser Rücksicht zur Sprache kommen muss, ein Punkt der nur spekulativ aufgefasst werden kann, aber es kann scheinen als ob dies auf Formen hinausliefe die wir schon früher hatten.

Wir haben vom unmittelbaren Wissen gesprochen, haben gesagt, dass man, von Gott auf solche Weise weiß und man von Gott nur wüsste als unmittelbare Gewissheit, diese Ansicht unterscheidet sich von der eben angegebenen dadurch: dass dabei bei der Unmittelbarkeit des Wissens beharrt wird und die Einsicht fehlt, dass das Wissen überhaupt Vermittelung in sich selbst ist, eine affirmative Unmittelbarkeit, die nur ist indem das Selbstbewusstsein nicht mehr das unmittelbare Selbstbewusstsein ist, sondern grade sein Fürsichsein versenkt in die Sache. – In der Andacht vergisst das Individuum sich selbst, es ist erfüllt von seinem Gegenstand, es gibt sein Herz auf, und behält sich nicht als unmittelbar, obgleich es von sich allgemein weiß. Wenn wir so von der Unmittelbarkeit des Wissens ausgehen, so folgt daraus dass das Individuum bei seinem endlichen Fürsichsein beharrt, diese eitle Spitze bleibt, so dass das Subjekt für das Affirmative genommen wird obgleich das Affirmative nur als das mit seinen Gegenstand Erfüllte genommen werden kann, so dass jene Affirmation die als unmittelbar erscheint, nur in diesen Inhalt selbst fällt.

Bei diesem Begriff kann man sich einfallen lassen, dass solche philosophisch spekulative Ansicht pantheistischer[30] Art sei. Es ist in neuerer Zeit eine gewöhnliche Meinung dass solche philosophische Identität pantheistische sei.

Pantheismus heißt, dass man Dinge wie das Meer, Sterne, Quellen pp dass man diese Existenzen wie sie unmittelbar sind als göttlich nimmt, so dass die Göttlichkeit diese Existenz habe und darin wirklich sei, als wirklicher Gott. So ist es Pantheismus wenn ich das Subjekt in seiner Unmittelbarkeit, als ausschließendes Eins, bestimme als göttlich. Hier haben wir jedoch sogleich das Bewusstsein dass dieser Inhalt, diese Substanz, Gott dies absolut Allgemeine in einer Form gesetzt, gesehen, gefasst werden soll, die schlechthin endlich ist, diesem Inhalte nicht angemessen ist. Das Tier, die Pflanze ist Leben, die Sonne das allgemeine Moment der Manifestation, alle diese Bestimmungen sind Endlichkeiten die dem Inhalte nicht angemessen sind. Ebenso Ich, als dies Besondere, als das spröde Fürsichsein ist die höchste Spitze der Form, die selbst noch endlich bleibt, die ihr Fürsichsein behält, eine Endlichkeit die noch nicht wahrhafte Form ist; dies Ich in der Gewissheit seiner selbst, im Bewusstsein seiner abstrakten Freiheit ist ein Punkt, ein sprödes Eins, das von sich abhält den unendlichen Inhalt in dem es sich erhält. Die Endlichkeit in diesem abstrakten Punkt zusammengefasst, dies ist denn ebenso die Form wie sie dem Inhalte nicht angemessen ist, hingegen das reine Selbstbewusstsein, das nicht mehr Selbstbewusstsein ist von sich als diesem, ist die unendliche Form, das Wissen das unbeschränkt ist, seinem Inhalte angemessen. Dies ist gerade das Gegenteil vom Pantheismus, es ist der göttliche Geist der in sich selbst für sich ist.

Mit dieser Ansicht hängt die Form zusammen, dass Gott nur gewusst wird wie der Mensch unmittelbar ist, dass der Mensch von Natur gut sei, dass er als einzelner affirmativ sei, affirmativ ist aber nur das reine Wissen, das seinen Gegenstand verzehrt hat, darin versenkt hat seine Besonderheit als dieser, seine Natürlichkeit. Hieran knüpft sich die Idee, dass durch das Aufgeben dieser Natürlichkeit, durch den Tod, der Mensch mit Gott vereinigt werden kann. Ferner hängen damit die Kirchenlehren zusammen, von der Gnade Gottes die im Menschen wirksam sei, vom heiligen Geist der die Mitglieder der Gemeinde in die Wahrheit einführt, von der Rechtfertigung des Menschen pp Wenn wir dies alles im Begriff auffassen, im Gedanken, ohne dass wir es verändern so liegen darin die Bestimmungen die wir in abstrakter Weise eben angegeben haben. Sie sind allgemein, spekulativ und wenn es Theologen gibt die dem Begriff hier nicht nachkommen können, so sollten sie sie stehen lassen, Theologie ist das Begreifen des religiösen Inhalts, jene Theologen sollten daher eingestehen, sie könnten ihn nicht begreifen, aber nicht das Begreifen beurteilen wollen, am wenigsten aber mit dergleichen Ausdrücken wie Pantheismus pp.

Ältere Theologen haben diese Tiefe auf das innigste gefasst, besonders aber katholische, in der protestantischen Kirche sind Philosophie und diese Wissenschaft ganz auf die Seite gesetzt worden. Meister Eckardt[31], ein Dominikaner Mönch des 14. Jahrhunderts sagt unter andern, in einer seiner Predigten über dies Innerstes:

> »Das Auge mit dem mich Gott sieht, ist das Auge mit dem ich ihn sehe, mein Auge und sein Auge ist eins. In der Gerechtigkeit werde ich in Gott gewogen und er in mir. Wenn Gott nicht wäre, wäre ich nicht, wenn ich nicht wäre, so wäre er nicht. Dies ist jedoch nicht Not zu wissen, denn es sind Dinge die leicht missverstanden werden und die nur im Begriff erfasst werden können.«

Es ist bemerkt worden, dass der Kultus der praktischen Seite angehört, die Form im Geiste, wodurch Gott Geist ist, das Wissen wodurch dies Moment hinein kommt. Im Glauben ist nun zunächst, dass diese Seite des einzelnen Selbstbewusstseins sich abtut seiner Einzelnheit und zu einem solchen Zeugenden wird. Näher ist nun der Kultus die Tätigkeit das Hervorbringen dieser Einheit und des Genusses derselben, dass das was im Glauben an sich ist vollbracht werde, dass es gefühlt, genossen werde. Der Kultus, sagen wir nach der Seite des Selbstbewusstseins, des Willens, ist praktisch überhaupt, und dies ist zunächst einzeln. Man sagt oft der Mensch ist in seinem Willen unendlich, in seinem Begreifen, Erkennen endlich, dies ist kindisch, das Gegenteil ist viel richtiger. Im Willen ist der Mensch gegen ein Anderes, vereinzelt sich als Individuum, hat einen Zweck, einen Vorsatz in sich gegen ein Anderes, verhält sich als Getrenntes vom Anderen, hier tritt also die Endlichkeit ein. In der Handlung hat der Mensch einen Zweck und die Handlung besteht darin dass der Inhalt der Zweck ist, die Form der Vorstellung verliert und zum objektiven Dasein wird.

Der Kultus ist auch ein Handeln und somit ist Zweck darin, dieser ist die in sich konkrete Totalität des Natürlichen und Geistigen, der Gegenstand des Glaubens ist der Zweck des Kultus, und was er zu vollbringen hat, ist dass er nicht am Objektiven etwas trennt, sich geltend daran macht, sondern der Zweck ist an und für sich absolute Realität und nicht erst dieser Zweck soll hervorgebracht werden, sondern er soll nur in mir Wirklichkeit haben, er ist daher gegen mich meine besondere Subjektivität, sie ist die Hülse die abgestreift werden soll, ich soll im Geiste sein und der Gegenstand in mir als Geist.

Die Gnade Gottes hat diese Schwierigkeit im Verhältnis mit der Freiheit des Menschen. Der Mensch ist aber nicht der Stein dabei, so dass die Gnade nicht bloß praktisch wirkt, der Mensch das passive Material wäre ohne dabei zu sein. Es soll der Zweck, Gott, werden durch mich in mir und das wogegen die Aktion geht, welche meine Aktion ist, das ist Aufgeben meiner überhaupt, der sich nicht mehr für sich behält, dies die Realisation das Praktische.

Der Standpunkt der Religion zum Kultus ist der, dass die Versöhnung absolut vollbracht ist, vollbracht ist in Gott. Ich soll mich demgemäß machen dass der Geist in mir wohne, dass ich geistig sei. Dies ist dem bloß moralischen Standpunkt Kants und Fichtes[32] entgegen, da soll das Gute innen erst hervorgebracht werden, realisiert werden, als ob es nicht schon an und für sich da wäre, da ist außer mir eine Welt die von Gott verlassen darauf wartet, dass ich den Zweck das Gute erst hineinbringe. Das Gute ist in der Religion an und für sich selbst, Gott ist und es handelt sich nur um mich, dass ich mich meiner Subjektivität abtue und mir an diesen Werke, das sich durch sich ewig vollbringt, meinen Anteil nehme und meinen Teil daran habe. Das Gute ist demnach kein Gesolltes sondern ewige Wahrheit.

In dem Kultus ist so ein negatives Moment enthalten, aber so dass es praktische Tätigkeit des Subjekts an sich selbst ist, seine Subjektivität aufzugeben, zu entlassen. Dies Moment der Entsagung kommt dann in der positiven Religion konkret in der Gestalt von Opfern vor, hier betrifft zwar diese Negation mehr das Äußere hat aber Beziehung wesentlich auf das Innere, wie dies bei der Buße, Reinigung pp noch mehr hervortritt.

Dies ist also der Begriff des Kultus überhaupt dem die Bestimmung dessen, was wir Glauben genannt haben zum Grunde liegt.

Das Weitere ist nun dass wir von der Bestimmtheit des Kultus sprechen. Wie wir vom Glauben angegeben haben, so ist das Innerste der Begriff und in diesem liegt der Inhalt der absolute Geist selbst, dieser Inhalt ist als der Begriff zunächst für uns, wir haben ihn so gefasst, damit ist er aber noch nicht in der Existenz als solcher gesetzt. Der Begriff ist das Innerliche, Substantielle, so vorhanden durch uns, in uns im begreifenden Erkennen, diese Gestalt und diesen Inhalt hat aber die Idee noch nicht im seienden Selbstbewusstsein überhaupt. Die Idee ist so zunächst als der Begriff, so dass das subjektive Selbstbewusstsein in dem Gegenstand sein Wesen, seine Wahrheit hat, in der Idee ist das Subjekt wesentlich als frei gesetzt, hat aber zunächst nur relative Freiheit, Freiheit des Subjekts gegen sein allgemeines Wesen, so dass es nicht sich abtrennt von ihm, seine Freiheit nur in der ungehinderten Kontinuität seiner mit demselben besteht, diese Kontinuität kann in beiden im Gegenstand und im Subjekt eine gemeinschaftliche Bestimmtheit sein. Oder die Freiheit ist nur diese formelle Freiheit des Subjekts, dass das Bewusstsein des Subjekts seinem Begriff gemäß ist. Dass er seine Realität ausmache, dazu gehört dass vorhanden sei, der Inhalt der absolute Geist selbst oder seine absolute vollkommene Freiheit, das Bewusstsein seiner Unendlichkeit in sich, die freie vollkommene Persönlichkeit. Ist nun aber dies Selbstbewusstsein unmittelbar, so ist es zunächst nur formell frei, und in einer Naturbestimmtheit befangen, nicht das Bewusstsein seiner unendlichen Freiheit, Das Andere ist, dass es für sich absolut bleibt, unendliche Subjektivität, dass das Subjekt für sich unendlichen Wert habe, Bewusstsein dass es der Gegenstand der unendlichen Liebe Gottes sei.

Gott ist einmal als Einheit des Natürlichen und Geistigen, das andere Mal die absolute Einheit die selbst geistig ist. Diesem Unterschied entsprechen die Seiten des Kultus. Gott ist unmittelbar als ein Abstraktum bestimmt und mit einer Naturbestimmtheit als absoluter unendlicher Geist. Insofern diese Naturbestimmtheit in ihm gesetzt ist, er sie auf affirmative Weise in sich hat, so ist er zwar die Einheit dieser und des Geistigen, aber insofern sie bestehen bleibt ist auch die Einheit beider eine selbst nur natürliche, nicht wahrhaft geistige Einheit. Beim Menschen ist der Leib ebenso affirmatives Ingredienz[33] als die Seele und so gefasst ist die Einheit beider auch nur natürliche Einheit.

Wie wir zuerst den Begriff Gottes gedacht haben, mit einer Naturbestimmtheit, oder Bestimmtheit der abstrakten Reflexion, so ist denn auch auf der Seite des Kultus der Mensch bestimmt mit einer unmittelbaren Natürlichkeit oder Unfreiheit der Freiheit. Damit dass der Mensch nur ein natürlich Freies ist, eine Bestimmung die sich eigentlich widerspricht, so ist denn auch seine Beziehung auf seinen Gegenstand, sein Wesen, seine Wahrheit, eine solche natürliche Einheit und sein Glauben, sein Kultus hat deshalb die Grundbestimmung, dass es so eine unmittelbare Beziehung ist, oder ein Versöhntsein von Hause aus, mit seinem Gegenstand. Dies ist eine Bestimmtheit des Kultus in den Religionen worin das absolute Wesen Gottes noch nicht offenbar ist, so ist der Mensch in seiner Unfreiheit noch nicht frei, hat seine absolute Subjektivität noch nicht abgestreift. Es ist dies denn der heidnische Kultus der keiner Versöhnung bedarf, da ist der Kultus denn schon das was der Mensch als gewöhnliche Lebensweise sich vorstellt, er lebt in dieser substantiellen Einheit, beides ist nicht unterschieden oder es finden nur zufällige Abweichungen statt, der Willkür pp, die ausgeglichen werden müssen, oder andererseits ist der Kultus hier ein besonderer Zustand, ein ausdrücklicher Genuss gegen das gewöhnliche Leben und das Opfer bleibt nur ein formelles, nicht das Herz ist zu durchbohren, sondern die Natürlichkeit des Menschen ist, wie sie sein soll, enthält die Einheit mit seinen absoluten Gegenstand. Das Opfer ist so nur das formelle Opfer eines äußerlichen Besitzes und Kultus ist dann nur Veranstaltung der Feste das Bewusstsein seiner Einheit zu genießen. Hier tritt dann die Kunst in den Kultus ein. Insofern die Einheit des Natürlichen und Geistigen schon höher gestellt ist, indem das Geistige das Übergewicht in ihr hat, so dass die natürliche Seite als unterworfen, idealisiert durch die geistige Einheit vorgestellt wird, findet das Selbstbewusstsein die Forderung nicht angemessen, dass das Natürliche nur ist als Ausbruch des Geistigen, den unmittelbaren Gegenstand wie er sich im äußerlichen Dasein findet. So tritt dann die Arbeit des Menschen, des Geistes, ein, die Kunst, und diese Arbeit wodurch der Gott vorgestellt wird, ist dann zugleich das Opfer, diese Anstrengung der Partikularität des Selbstbewusstseins, die das, durch die Idee in sich erzeugte festhält und äußerlich zur Anschauung hervorbringt. Der Kultus geht im Ganzen aus von dieser Einheit des Selbstbewusstseins und des Gegenstands. Es tritt jedoch hier oft eine Abweichung von dieser ursprünglichen Einheit ein, von diesem Versöhntsein oder von dem Mangel des Bedürfnisses des Versöhntseins, diese Abweichungen liegen teils in der Willkür des Subjekts, in dem Genuss den das Individuum in seiner Welt hat oder kommen von einer anderen Seite von der Naturmacht, von dem Unglück des Menschen, des Individuums, der Völker, der Staaten nach dergleichen Störungen wodurch die Einheit unterbrochen ist, bedarf es denn einer ernsthaften Negation um sie wieder herzustellen.

Es ist zu bemerken, dass über dies ursprüngliche Vereinigtsein, über diese geistige Harmonie, noch ein Höheres, Höchstes schweben muss, denn die ursprüngliche Einheit, ist nur natürliche Einigkeit, damit beschränkt für den Geist, mit einem Naturelement behaftet hat er nicht eine Realität, wie er sie seinem Begriff nach haben soll. Diese Uneinigkeit muss für das Bewusstsein vorhanden sein, denn es ist an sich denkender Geist, es muss in ihm das Bedürfnis einer absoluten Einheit hervortreten, die über jene Befriedigung der Genüsse schwebt, die aber nur abstrakt bleibt, weil die erfüllte Grundlage jene ursprüngliche Harmonie ist. Über diese Sphäre schwebt eine Trennung die nicht aufgelöst ist, ein Schicksal, eine unbekannte Macht, eine Notwendigkeit die nicht erkannt ist, die ohne Versöhnung ist. Dies ist ein Moment der mit dieser Bestimmung des Selbstbewusstseins verbunden ist.

Endlich ist noch eine besondere Seite des Kultus herauszuheben. Es ist gesagt dass das praktische Moment im Kultus nur oberflächlich, formell ist und der Gedanke einer Notwendigkeit die Vorstellung derselben, darüber schwebt. Diese

Notwendigkeit bleibt nicht bloß Vorstellung, es wird Ernst mit dem Menschen, der natürliche Mensch vergeht, der Tod macht Ernst mit ihm, das Schicksal verzehrt ihn und zwar trostlos, denn eben die Versöhnung, die Einheit ist nicht die des Tiefsten, Innersten, sondern das Naturleben ist noch wesentliches Moment, ist nicht aufgegeben, die Entzweiung ist noch nicht so weit gegangen, sondern es ist eine Einheit des natürlichen und Geistigen geblieben, in der das erste eine affirmative Bestimmung behielt. Dies Schicksal muss nun in der Vorstellung auf subjektive Weise zum Affirmativen umgestaltet werden, so sind die Manen[34] das Unversöhnte, was versöhnt werden muss, sie müssen gerächt werden. Dies ist nun die Totenfeier, eine wesentliche Seite des Kultus.

Dies sind nun die Hauptseiten des Kultus. Das zweite gegen diesen Standpunkt des Kultus ist denn dies, dass die Subjektivität zum Bewusstsein ihrer Unendlichkeit in sich gekommen ist, hier tritt dann die Religion und der Kultus ganz in das Gebiet der Freiheit. Der Mensch, eben damit dass er zum Bewusstsein der Unendlichkeit seines Geistes gekommen ist, hat die höchste Entzweiung gegen die Natur überhaupt und gegen sich gesetzt, diese ist es die das Gebiet der wahrhaften Freiheit erzeugt. Hier ist der Mensch nicht mehr von Natur gut und die Natürlichkeit, das unmittelbare Herz ist das, dem entsagt werden muss, weil dies Moment den Geist nicht frei lässt, und er als natürlicher Geist nicht durch sich gesetzt ist. Die Natürlichkeit ist nicht das was sein soll, sondern was nicht sein soll, daher ist alles was der Mensch sein soll in das Gebiet der Freiheit gelegt. Hier geht denn der Kultus wesentlich in das Gebiet des Inneren über, hier soll das Herz brechen, d. h. der natürliche Wille, das Selbstbewusstsein soll aufgegeben werden und damit hängt zusammen dass hier im Subjekt erscheinen kann und muss der Geist wie er wahrhaft an und für sich ist, seinem Inhalte gemäß, dass ferner dieser Inhalt kein jenseitiger, sondern die freie Subjektivität darin ihr Wesen zum Gegenstand hat, und der Kultus ist hier das Erkennen, das Wissen des Inhalts der den absoluten Geist ausmacht, wodurch denn die Geschichte des Inhalts wesentlich auch Geschichte der Menschen ist.

Wir haben so unterschieden den bestimmten, beschrankten Kultus und den Kultus in dem Elemente der Freiheit, ebenso haben wir diesen Unterschied bei der Vorstellung Gottes gemacht, Gott in seiner Bestimmtheit, der befangene Gott, und der freie Gott dem Begriff gemäß als Geist. Diese beiden Seiten machen überhaupt die Realität der Religion aus, der Geist in seiner Objektivität vorzugsweise Gott, und dann der Geist in seiner Subjektivität, diese beiden Seiten machen die Realität des Geistes aus. Diese zwei Bestimmtheiten die angegeben worden sind entsprechen einander, die Seite der Objektivität entspricht der seienden Seite, ist die durchgehende Bestimmtheit und dieser Zusammenhang macht die Totalität des geistigen Selbstbewusstseins aus.

Diese Realität ist nun näher zu betrachten, ihre zwei Seiten unterscheiden sich so, dass die eine Religion in einer Befangenheit ist, die andere Religion in ihrer Realität dem Begriffe entspricht, so dass in dem Begriff der Inhalt der Religion ist, der absolute Geist der Inhalt ist, der gewusst wird als Gegenstand.

Wir haben so zwei Weisen der Realität der Religion, eine dem Begriff nicht entsprechend die andere ihm entsprechend.

[...]

Zu dieser Ausgabe

Die abgedruckte Passage aus der *Vorlesung zur Philosophie der Religion* folgt der historisch-kritischen Ausgabe der *Gesammelten Werke* Hegels (GW), Band 29.1, S. 137–210, erschienen 2017 im Meiner Verlag. Die Passage wurde der neuen Rechtschreibung angepasst. Getrennt- und Zusammenschreibung sowie Groß- und Kleinschreibung blieben dabei aber unangetastet. Die Zeichensetzung wurde, wenn sie im Original sinnentstellend oder missverständlich war, angepasst. Die Fußnoten geben erläuternde Sachkommentare und Worterklärungen. Anders als in der GW wird hier nur der Leittext abgedruckt; es wird also darauf verzichtet, die Abweichungen der übrigen fünf Mitschriften in Form von Fußnoten wiederzugeben.

Hegel hat in den Jahren 1821 bis 1831 viermal die *Vorlesung zur Philosophie der Religion* gehalten. Es sind unterschiedliche Mitschriften dieser Kollegien erhalten, die verschiedene Hörer der Vorlesungen angefertigt haben und die in den GW Band 29.1–3 zu finden sind. Diese Mitschriften erlauben es, Hegels Nachdenken über die Relevanz und Bedeutung von Religionen gewissermaßen in der Werkstatt zu verfolgen: Hegel hat in seinen Vorlesungen immer neue Anläufe genommen, mit dem empirisch reichen Material der Weltreligionen zurecht zu kommen. Die Mitschriften zeigen einen zugänglichen, an den Phänomenen orientierten Zugriff auf Religiosität.

Von den vier Versionen ist die Vorlesung von 1824 diejenige, die mit sechs Mitschriften am besten dokumentiert ist. Der Leittext ist die ausführliche, in Reinschrift verfasste Mitschrift eines Hörers namens Karl Gustav Julius von Griesheim, einem späteren preußischen Generalmajor und Militärpolitiker. Auf diese Mitschrift von Griesheims hat Hegel sich selbst 1827 in der dritten Version seiner Vorlesungen gestützt und sie dadurch in gewisser Hinsicht autorisiert. Aufgrund ihrer Authentizität ist diese Mitschrift für den vorliegenden Band ausgewählt worden.

Hegels Vorlesung ist so aufgebaut, dass dem materialen Teil, in dem Hegel die verschiedenen Weltreligionen bespricht, ein kürzerer konzeptioneller Teil vorangestellt ist. Dieser konzeptionelle Teil zum »Begriff der Religion« wird hier wiedergegeben.

Anmerkungen

1 *empirisch:* sich auf Erfahrung beziehend.
2 *affirmativ:* bejahend, bestätigend.
3 *Räsonnement:* Überlegung.
4 *Jacobi:* Friedrich Heinrich Jacobi (1743–1819), deutscher Aufklärer, Philosoph, Schriftsteller.
5 *pp:* usw.
6 *Das Partikulare:* das Besondere, das Vereinzelte.
7 *Relation:* Bezug, Beziehung.
8 *ens:* lat. (ein) Seiendes.
9 *Appellieren:* sich mit Nachdruck wenden an …
10 *Reminiszenz:* Erinnerung an …
11 *Akzidentelle:* Zufällige, Unwesentliche.
12 *manifestieren:* offenbar werden, sich als etwas zu erkennen geben.
13 *Prädikate:* die (Gott) zugeschriebenen Eigenschaften.
14 *Kant:* Immanuel Kant (1724–1804), deutscher Philosoph der Aufklärung (vgl. Nachwort).
15 *populär:* allgemeinverständlich, geläufig, weit verbreitet.
16 *aktualiter:* wirklich (im Gegensatz zu ›möglich‹).
17 *realiter:* wirklich (im Gegensatz zu ›bloßem Schein‹).
18 *perennierend:* wörtl. ›das ganze Jahr hindurch‹, andauernd, beständig.
19 *Credo:* lat. ›Ich glaube‹, das apostolische Glaubensbekenntnis.
20 *Gemeine:* die Gemeinde der Gläubigen.
21 *sich dirimieren:* auseinanderbringen, sich in sich unterscheiden.
22 *sich entschlagen:* auf etw. verzichten, sich enthalten, etw. zu tun.
23 *Vanini:* Lucilio Vanini (1585–1619), italienischer Philosoph, der von der Inquisition als Ketzer verbrannt wurde.
24 *Diremtion:* Trennung, Absonderung.
25 *Prosaische:* Schlichte, Alltägliche (von Prosa ›ungebundene Rede‹).
26 *Kanaa:* Wundererzählung im Neuen Testament aus dem Johannesevangelium, in der Jesus Wasser in Wein verwandelt.
27 *Voltaire:* Voltaire (1694–1778), französischer Philosoph und Schriftsteller der Aufklärung.
28 *Codicibus:* lat. Codex, Zusammenbund mehrerer Handschriften.

29 *Theta:* griechischer Buchstabe mit dem Lautwert th.

30 *pantheistischer: Pantheismus:* Gott und Universum bzw. Welt sind identisch (wörtl. ›Lehre von Alles-ist-Gott‹).

31 *Meister Eckhart:* ca. 1260–1328, Theologe und Philosoph des Spätmittelalters, Mystiker.

32 *Fichte:* Johann Gottlieb Fichte (1762–1814), Philosoph des deutschen Idealismus.

33 *Ingredienz:* Zutat, Bestandteil.

34 *Manen: dii manes* (lat.), ›römische Totengeister‹.

Literaturhinweise

Ausgaben

Hegel, Georg Wilhelm Friedrich: Vorlesungen über die Philosophie der Religion und Vorlesungen über die Beweise vom Dasein Gottes. Hrsg. von Walter Jaeschke / Manuela Köppe. In: G.W.F.H.: Gesammelte Werke. Bd. 29.1–3. Hamburg: Meiner, 2017–19.

Hegel, Georg Wilhelm Friedrich: Vorlesungen über die Philosophie der Religion. Hrsg. von Walter Jaeschke. Bd. 1–3. Hamburg: Meiner, 1993.

Primärquellen

Kant, Immanuel: Die Religion innerhalb der Grenzen der bloßen Vernunft. Hrsg. von Rudolf Malter. Stuttgart 1974 [u. ö.]. (Reclams Universal-Bibliothek. 1231.)

Schelling, Friedrich Wilhelm Joseph von: Philosophie und Religion. Hrsg. von Alfred Denker / Holger Zaborowski. Freiburg 2008.

Schlegel, Friedrich von: »Athenaeum-Fragmente« und andere Schriften. Edition, Komm. und Nachw. von Johannes Endres. Stuttgart 2018. (Reclams Universal-Bibliothek. 19525.)

Schleiermacher, Friedrich: Über die Religion: Reden an die Gebildeten unter ihren Verächtern. Mit einem Nachw. von Carl Heinz Ratschow. Stuttgart 1969 [u. ö.]. (Reclams Universal-Bibliothek. 8313.)

Weiterführende Literatur

Assmann, Jan: Achsenzeit: eine Archäologie der Moderne. München 2018. [Darin Kap. 3 zu Hegel.]

Arndt, Andreas: Staat, bürgerliche Gesellschaft und Religion. Anmerkungen zu Hegel und Walter Benjamin. In: Staat und Religion in Hegels Rechtsphilosophie. Hrsg. von Andreas Arndt [u. a.]. Berlin 2012. S. 147–155.

Hermanni, Friedrich / Nonnenmacher, Burkhard / Schick, Friedrike (Hrsg.): Religion und Religionen im deutschen Idealismus: Schleiermacher – Hegel – Schelling. Tübingen 2015.
Jaeschke, Walter: Die Vernunft in der Religion. Studien zur Grundlegung der Religionsphilosophie Hegels. Stuttgart 1986.
– (Hrsg.): Religionsphilosophie und spekulative Theologie. Der Streit um die Göttlichen Dinge (1799–1812). Hamburg 1994.
Kojève, Alexandre: Hegel, Marx und das Christentum. In: A. K.: Hegel, eine Vergegenwärtigung seines Denkens. Hrsg. von Iring Fetscher. Frankfurt a. M. 1975. S. 271–298.
Mooren, Nadine: Hegel und die Religion. Eine Untersuchung zum Verhältnis von Religion, Philosophie und Theologie in Hegels System. Hamburg 2018.
Quante, Michael / Rózsa, Erzsébet (Hrsg.): Vermittlung und Versöhnung. Die Aktualität von Hegels Denken für ein zusammenwachsendes Europa. Münster 2001.
Schick, Friedrike: Der Übergang von der Moral zur Religion im Gewissen. In: Hegel als Schlüsseldenker der modernen Welt. Hrsg. von Thomas Sören Hoffmann. Hamburg 2009. S. 287–307.
Taylor, Charles: Ein säkulares Zeitalter. Berlin 2012.

Nachwort: Die Aktualität von Hegels Religionsphilosophie

Religion als Versöhnung

Bei all den Themen, denen sich Georg Wilhelm Friedrich Hegel (1770–1831) in seiner philosophischen Arbeit gewidmet hat, nimmt die Philosophie der Religion einen herausragenden Platz ein. Er hat sich mit Fragen zum Verhältnis von *Glauben und Wissen* (so der Titel einer frühen, einschlägigen Arbeit) bis in seine Berliner Zeit als etablierter Professor hinein intensiv beschäftigt. Der Grundgedanke, den er dabei immer weiter ausarbeitet, lautet: Religion ist eine Praxis, in der eine Gemeinschaft sich mit sich selbst auseinandersetzt. Oder noch kürzer: Religion ist eine Praxis gemeinschaftlicher Selbstverständigung. Sie ist also nicht einfach nur ein Bestandteil von Kulturen, sondern eine kulturelle Praxis, in der sich Kulturen insgesamt reflektieren und auf diese Weise auch weiterentwickeln. Die von Religionen geleistete kulturelle Reflexion wird von Hegel als transformativ begriffen, also nicht als bloße Verinnerlichung, Kontemplation oder Theorie, sondern als Prägung und Veränderung der Selbstverständnisse kulturell-gemeinschaftlicher Praktiken.

Dieses Grundmotiv macht deutlich, inwiefern Hegel einen »idealistischen«, oder einen, wie er seine Position selbst bezeichnet, »spekulativen« Begriff der Religion vertritt. Idealistisch ist dieser Begriff, da Religion nicht als ein Gegenstand unter anderen Gegenständen begriffen wird, sondern als eine Dimension gesellschaftlicher Selbstgestaltung. Der Idealismus begreift die Welt ja aus dem menschlichen Geist heraus. Hegels Idealismus geht darüber hinaus, da ihm zufolge für den Bezug auf die Welt insgesamt eine Bewegung des Geistes aus sich heraus entscheidend ist. Man könnte hier mit Hegel von einem »absoluten Idealismus« sprechen, da es ihm nicht um die Vergeistigung der Welt geht, sondern um die These, dass die Bewegungen des Geistes aus sich heraus typischerweise einen Bezug auf die Welt miteinschließen. In diesem Sinn vertritt er ein idealistisches Verständnis von Religion, da Religion ihm zufolge eine wesentliche Rolle in der Bewegung spielt, die der Geist aus sich heraus vollzieht.

Den Begriff der Religion als »spekulativ« zu bezeichnen, würde dann bedeuten, dass Religion ihrerseits keine Einheit bildet, sondern selbst mit Dynamiken verbunden ist. So lassen sich nicht einfach feste Kriterien dafür ausmachen, was Religion eigentlich ist. Vielmehr ist Religion mit Spannungen und Widersprüchen verbunden, aus denen die besagten Dynamiken resultieren. Sie lässt sich also nicht einfach als ein Gegenstand des Denkens bestimmen, sondern muss in ihren eigenen Dynamiken und damit auch in ihrer Offenheit nachvollzogen werden. Es ist Hegels Anspruch, dies zu leisten.

Um seinem Anspruch gerecht zu werden, charakterisiert Hegel Religion unter anderem mit dem Begriff der Versöhnung. Dieser Begriff bezeichnet nicht das Ideal einer unproblematischen gesellschaftlichen Harmonie, sondern nennt das funktionale Merkmal von Religionen, nämlich einer Gesellschaft eine Auseinandersetzung mit sich selbst zu eröffnen.

Die Versöhnung ist in diesem Sinn als funktional zu verstehen: Religionen erlauben es Gesellschaften, sich auf sich zu beziehen und damit in Beziehung auf ein Anderes (das Göttliche) bei sich zu sein. Diese funktionale Rolle von Religion ist damit vereinbar, dass Religionen immer wieder miteinander in Konflikte geraten und sich in Gesellschaften in Bezug auf sie vielfach Spannungen ergeben.

Spannend und anspruchsvoll an Hegels Überlegungen zur Religion ist dabei besonders der Versuch, Veränderung und praktische Weiterentwicklung nicht nur als strukturelle Merkmale des Zusammenhangs von Religionen und Gesellschaften zu begreifen. Nach Hegels Verständnis gehören Selbstveränderung und Prozessualität auch zu Religionen als solchen. Er zielt damit darauf ab, der Vielfalt und Unterschiedlichkeit von Religionen Rechnung zu tragen, und begreift diese Vielfalt als wesentliches Moment recht verstandener Religion. Aus Hegels Sicht gilt es also zu begreifen, dass Religionen unter anderem durch die Beziehungen, in denen sie zu anderen Religionen stehen, bestimmt sind, so dass sie nicht einfach isoliert voneinander existieren und verstanden werden können.

Die in diesem Band abgedruckte Passage aus Hegels *Vorlesung zur Philosophie der Religion* entwickelt unter der Überschrift »Begriff der Religion« wichtige Motive der angesprochenen Gedanken. Sie bietet auf diese Weise einen guten Einstieg für eine Auseinandersetzung mit einer wegweisenden philosophischen Bestimmung dessen, was Religion ist. Die einleitenden Bemerkungen zu Hegels Religionsphilosophie sollten bereits deutlich gemacht haben, dass Religion für ihn eine wesentliche Dimension historisch-kultureller Gemeinschaften ist. Damit hat sein Nachdenken über Religion eine besondere Aktualität. Seine Überlegungen können einen Beitrag zu zwei in der Gegenwart drängenden Fragen leisten, und zwar erstens zu der Frage, inwiefern Religion für das Funktionieren von Gemeinschaften wichtig ist, und zweitens zu der Frage, inwiefern Überlegenheits-Ansprüche von Religionen ihrem eigenen Anspruch nicht gerecht werden, also kritisiert und zurückgewiesen werden müssen.

Zu Entwicklung und Eigenart der Vorlesungen zur Philosophie der Religion

Ungeachtet der Kontinuität seines Interesses an religionsphilosophischen Fragen hat Hegel erst recht spät damit begonnen, regelmäßig Vorlesungen auch zur Religionsphilosophie zu halten. Die erste dieser Vorlesungen datiert auf das Sommersemester 1821 (1818 war Hegel von Heidelberg auf die Professur an der damals noch jungen Berliner Universität gewechselt). Er hat dann weitere Vorlesungen in den Jahren 1824, 1827 und in seinem Todesjahr 1831 gehalten.

Der eher späte Beginn von Hegels dezidierter Auseinandersetzung mit Religionsphilosophie ist auch im historischen Kontext zu sehen: Die Disziplin der Religionsphilosophie war bis in die Zeit der Aufklärung hinein nicht als solche etabliert. In der Philosophie kannte man vor der Aufklärung zwar mit der sogenannten »natürlichen« oder auch »rationalen« Theologie eine Disziplin, die sich der philosophischen Begründung religiöser Dogmatiken gewidmet und die ihren markantesten Ausdruck in den bis zu Immanuel Kant (1724–1804) entwickelten und diskutierten Gottesbeweisen gefunden hat. Doch existierte keine eigene philosophische Disziplin, die Religion in ihrer geschichtlichen Vielfalt zum Thema gehabt hätte. In der Zeit Hegels haben unter anderem Kant, Friedrich Wilhelm Joseph Schelling (1775–1854), Friedrich Schlegel (1772–1829) und Friedrich Schleiermacher (1768–1834) an der Begründung einer neuen philosophischen Auseinandersetzung mit Religion mitgewirkt. Hegel hat diese Begründung dann mit seinen Vorlesungen wesentlich vorangebracht.

Eine wichtige Frage, die den jungen Diskurs der Religionsphilosophie umtrieb, lautet, wie das Verhältnis von Religion und Vernunft neu bestimmt werden könnte. Mit dem Beginn der frühen Neuzeit, der Renaissance und Aufklärung verloren religiöse Formen der Weltdeutung in Europa zunehmend ihren unkontroversen Status, und dies unter anderem dadurch, dass naturalistische und humanistische Alternativen entstanden.

Kants aufklärerische Beschäftigung mit Religion ist hierfür beispielhaft. In seiner programmatischen Schrift *Die Religion innerhalb der Grenzen der bloßen Vernunft* geht es um eine vernunftgeleitete Kritik der theoretischen Annahmen von der Existenz Gottes und der Unsterblichkeit der Seele. Demgegenüber verteidigt Kant den praktisch-ethischen Gehalt von Religion und behauptet, Religiosität sei nur in dem Maße vernünftig, wie sie zu einem Handeln gemäß dem kategorischen Imperativ motiviere. Der Gehorsam der Institution der Kirche gegenüber sei hingegen nicht vernünftig zu rechtfertigen. Man kann hier von einer »Ethikotheologie« sprechen, deren Grundthese lautet, dass Religiosität nur in ihrer praktisch-ethischen Gestalt vernünftig ist.

Hegels spekulativer Religionsphilosophie geht es nicht gleichermaßen um eine philosophische Kritik religiöser Vernünftigkeit in theoretischer Hinsicht. Sie sucht vielmehr einen philosophischen Begriff von Religion zu entfalten, der die grundsätzliche Relevanz und Bedeutung von Religionen erklärt. Religion sei nicht als Postulat der Vernunft, sondern als »Selbstbewusstsein des absoluten Geistes« (S. 47) zu begreifen. Der Begriff des absoluten Geistes bezeichnet die Loslösung geistiger Verhältnisse von äußeren Umständen, die als solche Veränderungen der geistigen Verhältnisse bewirken könnten. Wenn kulturelle Praktiken sich aus sich selbst heraus verändern, hat eine solche Loslösung stattgefunden. Es gilt dann, dass kulturelle Veränderungen nicht mehr durch äußere Anstöße ausgelöst werden, sondern aus der Kultur heraus. In dem Sinne spricht Hegel von einem absoluten (von lat. *ab-solutus*, ›losgelöst‹) Geist.

Wenn er nun Religion als »Selbstbewusstsein des absoluten Geistes« bestimmt, heißt das, dass in Religion eine Reflexion der Dynamik kultureller Selbstveränderung zustande kommt. Diese Reflexion ist für Hegel in besonderer Weise mit dem Christentum als »vollendeter Religion« (GW 29.1, S. 387) verbunden, dessen Vorstellung von Christus als dem Gottessohn Hegel als beispielhafte Artikulation einer Einsicht in eine aus sich heraus bestimmte kulturelle Dynamik begreift. Dass das Göttliche menschliche Gestalt annimmt, ist Ausdruck jener kulturellen Prägekraft, die Religionen besitzen. Wo auch immer göttliche Vorstellungen leitend sind, gestalten sie das Menschliche. Genau diese Wirklichkeit der Religion wird aus Hegels Sicht in der christlichen Erlösungsgeschichte gespiegelt.

Das heißt aber nicht, dass für Hegel allein das Christentum in religiöser Hinsicht zählen würde. Es wäre verzerrend, seine Religionsphilosophie als eine Auszeichnung und Apologie der christlichen Theologie durch philosophische Mittel zu sehen. Das Gegenteil ist der Fall: Hegel geht davon aus, dass Religion grundsätzlich in einer Vielheit von Religionen existiert. Und genau diese Vielheit gilt es für ihn, philosophisch zu begreifen. So stellt sich Hegel die doppelte Aufgabe, zum einen die Eigenständigkeit unterschiedlicher Religionen und zum anderen ihren Zusammenhang untereinander zu bestimmen. Diese Aufgabenstellung verdeutlicht den Bruch mit der Tradition rationaler Theologie und aufklärerischer Religionskritik gleichermaßen: Ihm geht es weder um eine philosophische Wiederherstellung noch um eine Zurückweisung von Religion. Vielmehr zielt er darauf, einen philosophischen Begriff von Religion zu gewinnen, der alle unterschiedlichen Aspekte von Religiosität umfasst.

Hegels Perspektive auf das Christentum lässt sich dabei in zwei unterschiedlichen Weisen verstehen:

Zum einen kann man Hegel den Gedanken zuschreiben, dass das Christentum als Gipfelpunkt der Entwicklung von Religionen zu begreifen ist, da es sich um eine Religion handelt, die (wie knapp angedeutet) ein Selbstbewusstsein von Religion insgesamt ausgebildet hat.

Zum anderen kann man Hegel aber auch so verstehen, dass er dem Christentum gerade keine Überlegenheit zuerkennt, da Religionen für ihn unterschiedliche Ausprägungen von Religiosität realisieren, die jeweils Einseitigkeiten und Verkürzungen aufweisen. Diese Einseitigkeiten machen für Hegel insgesamt eine philosophische Reflexion erforderlich. Religion vollende sich in der »Gemeinde der Philosophie« (GW 29.1, S. 449).

Die Rede vom Christentum als »vollendeter Religion« lässt sich entsprechend auch so deuten, dass Religion im Christentum in dem Sinne zu einem Ende kommt, als dass sie sich im Christentum zur Philosophie entwickelt. Wie auch immer man Hegels Position hier genau verstehen und kritisch betrachten mag: In jedem Fall argumentiert er für einen Begriff von Religion, der der Pluralität von Religionen gerecht wird und diese Pluralität als wesentliches Moment dessen, was Religion ist, begreift.

Zentrale Elemente von Hegels Text

Der entscheidende Zug von Hegels Verständnis der Religion besteht darin, dass diese nicht im Singular einer einzigen, sondern nur im Plural unterschiedlicher Religionen wirklich ist. Dies ist ein Grundanliegen seines spekulativen Begriffs der Religion. Er profiliert ihn im Text dieses Bandes, indem er ihn von dem empirischen Begriff abgrenzt.

Entlang der Unterscheidung von empirischem und spekulativem Begriff der Religion lässt sich der Text einteilen: Hegel diskutiert den empirischen Begriff auf den Seiten 7 bis 44 und entwickelt dann von dort bis zur Seite 95 den spekulativen Begriff.

Der empirische Begriff der Religion

Der empirische Begriff entspricht einer Art *common-sense*-Vorstellung der Religion; Hegel spricht von der »allgemeinen Bildung unserer Zeit« (S. 7). Es geht ihm darum zu zeigen, dass vielfach ein irreführendes Bild von Religion vorherrscht – und zwar sowohl in landläufigen Vorstellungen des Religiösen als auch in theoretischen Debatten.

Im Zentrum eines aus Hegels Sicht problematischen Bildes steht der Gedanke, Gott sei als ein Gegenstand religiösen Bewusstseins zu begreifen. Von diesem Gedanken aus ergibt sich aus seiner Sicht eine Reihe von Missverständnissen, die von der bei Kant in aller Klarheit artikulierten Prämisse ausgehen, dass Gott kein Gegenstand empirischer Beobachtung ist. Wenn man auf Grundlage dieser Prämisse daran festhält, Gott primär als einen Gegenstand religiösen Bewusstseins zu begreifen, kommt es zu Bestimmungen, die aus Hegels Sicht unhaltbar sind. So reagiert etwa Friedrich Heinrich Jacobi (1743–1819) auf Kants Unerkennbarkeitspostulat mit der Idee eines »unmittelbaren Wissens von Gott« (S. 11). Gott wird so als ein Gegenstand konzipiert, der ohne Beobachtung und ohne gedankliche Vermittlungen erkennbar ist. Diese Bestimmung aber setzt die Beobachtungsperspektive, also den »empirischen Standpunkt« (S. 15) voraus und bekräftigt diesen damit. Das ist aus Hegels Sicht inkonsequent, da der Beobachtungsstandpunkt ein endlicher Standpunkt ist, von dem aus sich das Unendliche (Gott) grundsätzlich nicht begreifen lässt. Ob man will oder nicht: Man macht aus Gott einen endlichen Gegenstand, wenn man ihn von einem endlichen Standpunkt aus zugänglich machen will. Analog verhalte sich dies, wenn man (im Sinne der Position Friedrich Schleiermachers) einen Zugang zum Göttlichen im »religiösen Gefühl« (S. 15–21) gegeben sieht. Man verbleibe dann im Rahmen eines endlichen Standpunkts, von dem aus alle Objekte als endlich begriffen werden. Das aber werde Gott konstitutiv nicht gerecht, da es sich bei ihm nicht um ein endliches Objekt handelt.

Religion als Vorstellungswelt und Kultus

Aus dieser kritischen Diskussion folgert Hegel, dass es einer anderen Reaktion auf das Unerkennbarkeitspostulat bedarf. Aus der Unmöglichkeit, Gott empirisch zu erkennen, folgt für Hegel nicht, dass Gott unerkennbar wäre. Erkennbar wird er demnach, wenn man den Versuch aufgibt, sich auf Gott als einen Gegenstand zu beziehen. Seine Wirklichkeit ist anderer Art: Sie liegt einerseits in den Vorstellungen, die im Rahmen religiöser Gemeinschaften lebendig sind (S. 53–59), und andererseits in der religiösen Praxis dieser Gemeinschaften: in ihrem Kultus (S. 59–73).

Jede Religion ist mit einer entsprechenden Vorstellungs- und Ausdruckswelt verbunden. Eine solche Vorstellungs- und Ausdruckswelt gibt als Geschichten erzählende Basis einer gemeinschaftlichen Praxis religiösen Sinn und stiftet damit ihren kulturellen Zusammenhalt. Hegel betont den transformativen Charakter der narrativen Basis, die mit einer gemeinschaftlichen Vorstellungswelt gegeben ist, unter anderem, wenn er sagt:

> Von keiner Religion kann man sagen, dass die Menschen die Natur angebetet hätten, Sonne, Meer usf.; es ist ihnen damit nicht mehr dies prosaische Meer, was es für uns ist; indem sie sie anbeten, sind diese Naturgebilde göttlich. (S. 54)

Wenn eine animistische Religionsgemeinschaft, die von der Beseelung unserer Umwelt durch Götter ausgeht, ein Totem als Ausdruck göttlicher Präsenz rituell verehrt, dann *ist* dieses Totem kein Naturgegenstand mehr. Die religiöse Vorstellung »steht zwischen der unmittelbar sinnlichen Empfindung und dem eigentlichen Gedanken« und greift aufgrund dieser Zwischenstellung »leicht zu bildlichen Ausdrücken, Analogien oder zu [anderen] unbestimmten Weisen« der Vergegenwärtigung dessen, wovon es keine unmittelbare Anschauung gibt (S. 58).

Genau als solche Vorstellung ist sie wirklich.

Das Göttliche zu erkennen bedeutet so für Hegel, die Wirklichkeit religiöser Vorstellungs- und Ausdruckswelten in gemeinschaftlichen Praktiken zu erkennen. Das aber heißt, dass es in der Erkenntnis Gottes nicht um die Erkenntnis eines jenseitigen Gegenstands, sondern um die Erkenntnis der lebendigen Vorstellungs- und Ausdruckswelt einer Religionsgemeinschaft geht, die die weltlichen Praktiken und Gegenstände einer Gemeinschaft gleichermaßen prägt. Das Interessante am spekulativen Begriff der Religion ist Hegels Betonung des reflexiven und aktiven Charakters des religiösen Glaubens. Glaube ist für ihn eine Praxis der Aneignung des kosmischen Ganzen als einer Wirklichkeit des Göttlichen, die alles umfasst: »Ich mache mir im Glauben das zu eigen, was Grund des Glaubens ist, d. h. es hört auf, ein Anderes für mich zu sein.« (S. 60) Das Göttliche ist (in den unterschiedlichen Gestalten, die Religionen ihm geben) so kein äußeres Gegenüber, sondern eine Dimension kulturellen Lebens in einer religiösen Vorstellungswelt. Insofern spricht Hegel von der »Tätigkeit Gottes« als Offenbarung (S. 50). Gott zeigt sich in all den Zusammenhängen, die eine kulturell leitende Vorstellungswelt ausmachen. Die Vorstellungswelten im Rahmen einer solchen Praxis und das göttliche Offenbarungsgeschehen hängen damit untrennbar miteinander zusammen. In diesem Sinn zitiert Hegel Meister Eckhard: »Wenn Gott nicht wäre, wäre ich nicht, wenn ich nicht wäre, so wäre er nicht.« (S. 66)

Die Wirklichkeit des Göttlichen hat aber für Hegel auch eine genuin praktische Dimension, die im religiösen Kultus liegt. Im Kultus gewinnt die religiöse Vorstellungswelt ihren zentralen praktischen Ausdruck. Hegel spricht davon, dass der Kultus sich im Bewusstsein »gegen das gewöhnliche Leben« (S. 70) entfaltet, also durch die Nichtalltäglichkeit seiner Formen charakterisiert ist. Fest, Opfer, liturgisches Handeln, Andacht, Sakrament, Zeremonie und Totendienst strukturieren jeweils eine sakrale Zeit und ermöglichen den Teilnehmenden transformative Erlebnisse und Augenblicke kollektiven Überschwangs. Sie binden so die Angehörigen einer Gemeinschaft aneinander, lenken sie in eine neue Richtung oder erlauben es ihnen, sich die göttliche Realität zu vergegenwärtigen. Das sakrale Leben des Kultus übersteigt so nicht die gemeinschaftliche Praxis durch den Bezug auf ein Jenseits, sondern ist transformativ und identitätsbildend. Paradigmatisch sind hier Initiationsriten und Totenkulte, die den Eintritt in das und den Austritt aus dem profanen Leben gestalten.

Für Hegel verdeutlicht der religiöse Kultus, dass das menschliche Leben in historisch-kulturellen Praktiken über das Versenktsein in das profane Alltagsleben hinausgeht. In der Religion ist alle unmittelbar alltägliche Praxis mit Selbstdeutungen verbunden. Die im Kultus immer wieder aktualisierten Selbstdeutungen stiften Einstellungen, die von vielen geteilt werden, einen gemeinsamen Bezug auf einen kosmologischen Inhalt und ein damit einhergehendes Gemeinschaftserleben. Nicht zuletzt werden in kultischen Praktiken auch religiöse Gefühle ausgebildet. Sie sind also aus Hegels Sicht nicht, wie in der Konzeption Schleiermachers, als Ausdruck eines unmittelbaren Bezugs auf das Göttliche zu begreifen, sondern werden erst in kultischen Praktiken in Bezug auf die mit diesen Praktiken verbundenen Normen und Glaubensüberzeugungen geformt. Als kultisch gebildete oder, moderner gesprochen, sozialisierte Gefühle tragen sie zu Erhalt und Lebendigkeit der gemeinschaftlichen Traditionen und der von der Gemeinschaft getragenen Institutionen bei. Rituelle Praktiken reichen also zurück bis in die ersten Anfänge der menschlichen Religion und gehören zu jenen Aspekten, die in der Religion des modernen Westens marginalisiert worden sind, wo der Schwerpunkt des religiösen Lebens eine stark kognitive und individualistische Ausrichtung hat. Für Hegel sind Riten und religiöse Praxis damit kein schmückendes Beiwerk, sondern bilden ein zentrales Moment der Lebendigkeit religiösen Lebens.

Der Zusammenhang von Vorstellungswelt und Kultus

Die beiden bislang unterschiedenen Wirklichkeiten des Göttlichen, die religiöse Vorstellungswelt und der religiöse Kultus, sind aus Hegels Sicht grundlegend miteinander verbunden. Man kann die Verbindung aufklären, indem man von einer theoretischen und einer praktischen Dimension der Wirklichkeit des Göttlichen spricht. Die theoretische Vorstellungs- und Ausdruckswelt ist genauso in der sozialen Praxis des Kultus verankert, wie die religiösen Vorstellungen ihrerseits die Ausgestaltung kultischer Praktiken leiten. Dabei wird die Einheit, die in kultischen Praktiken hergestellt ist, in den geglaubten Vorstellungen gebrochen, insofern das Göttliche in diesen Vorstellungen als ein objektiv Anderes vorgestellt wird. Hegel spricht in diesem Sinn von einer »Entzweiung [des Subjekts] mit dem Gegenstand« (S. 59), die im vorstellungsorientierten Glauben stattfindet. Der Gegenwart des Göttlichen im Kultus steht seine Nichtgegenwart in der religiösen Vorstellungswelt gegenüber. Die theoretische, »entzweite« Perspektive auf Gott stellt ihn sich als transzendent bzw. jenseitig und nicht greifbar vor. Im Kultus ist das Subjekt mit dem Göttlichen vereinigt; in seinem Glauben hingegen weiß es sich als von ihm getrennt. Aus Hegels Sicht lassen sich diese beiden Dimensionen des Religiösen nicht unabhängig voneinander begreifen: Theoretische Ausdruckswelt und religiöse Praxis setzen sich wechselseitig voraus.

Das Spannungsfeld zwischen Glaube und Kultus ist auch entscheidend mit Blick auf die Stellung des einzelnen Individuums innerhalb der religiösen Gemeinschaft. Nur durch die kultische Einheit wird die Wirklichkeit des Göttlichen immer aufs Neue als Aspekt der jeweiligen gemeinschaftlichen Zusammenhänge vergegenwärtigt und so für die betreffende Gemeinschaft lebendig gehalten. Damit aber ist das einzelne Individuum nicht als solches einbezogen, sondern erscheint als bloßes Glied der religiösen Gemeinde. Für die Einbeziehung des Individuums bedarf es der für es lebendigen Vorstellungswelt, durch die es als Subjekt am Absoluten seinen »Anteil« nimmt (S. 68) und dessen teilhaftig ist. Erst dadurch, dass ein Individuum, das in die kultischen Praktiken einer religiösen Gemeinschaft eingebunden ist, eigene religiöse Vorstellungen entwickelt, ist es als das Individuum, das es ist, Teil der religiösen Gemeinschaft. Die individuelle religiöse Vorstellungswelt begreift Hegel dabei zugleich als ein zentrales Moment der Einbettung des Individuums in die kultische Praxis, da das Individuum sich durch seinen Bezug auf das Göttliche von seinen eigenen individuellen Beschaffenheiten und Bedürfnissen distanziert. Die individuelle religiöse Vorstellungswelt führt, so gesehen, zu einer Selbstnegation, durch die das Individuum sich zu einem Mitglied einer religiösen Gemeinschaft transformiert.

Eine religiöse Vorstellungswelt ist allerdings nur sehr allgemein dadurch charakterisiert, dass man sie als einen Bezug auf das Göttliche fasst. Vielfach sind religiöse Vorstellungen spezifisch und bestimmt, wie zum Beispiel die Vorstellung von der Nächstenliebe, von einem entsagungsvollen Leben und von grundlegender Dankbarkeit. Jeweils führen diese Vorstellungen dazu, dass Individuen von sich absehen. So manifestiert sich beispielsweise die Idee der Nächstenliebe in caritativen Praktiken, in denen Individuen sich für Andere einsetzen, um diesen aus Not und Elend zu helfen. Diejenigen, für die die Idee der Nächstenliebe leitend ist, stellen sich sozusagen hintenan, um für Andere da zu sein, und machen sich durch diese Negation an sich selbst der Wirklichkeit des Göttlichen gemäß.

Im Sinne dieser Überlegungen gilt es für Hegel zu begreifen, dass der Bezug auf das Göttliche als eine transzendente Größe ein wesentliches Moment der Art und Weise ist, wie Religionen kulturelle Wirklichkeiten prägen. Wenn Religionen auf den Bezug auf einen transzendenten Gott reduziert werden, wird dies unverständlich. Einer entsprechenden Verkürzung, wie sie das Nachdenken über Religionen Hegel zufolge immer wieder geprägt hat, kann man entgegentreten, wenn man sie von ihrer Stellung innerhalb historisch-kultureller Zusammenhänge her denkt. Dann zeigt sich, dass die für Religionen zentralen Vorstellungswelten eine Dimension einer transformativen Selbstverständigungspraxis sind.

Es lässt sich festhalten, dass Hegel mit seinem spekulativen Religionsbegriff den Bezug auf einen transzendenten Gott von der Frage der theoretischen Erkennbarkeit löst. Dieser Bezug ist ihm zufolge aus einer engen Verbindung von Glauben und Ritus heraus zu verstehen. In dieser Verbindung sind Religionen aus Hegels Sicht in steter Entwicklung, so dass sich keine einfachen und fixen Kriterien dafür ausmachen lassen, was Religion ist. Der spekulative Begriff der Religiosität hebt hervor, dass Religion sich aus der Spannung zwischen dem Transzendenzbezug und kultischer Praxis heraus in steter Veränderung befindet.

Aus dieser Veränderung haben sich notwendig unterschiedliche Religionen entwickelt, so dass die religiöse Vielfalt grundlegend ist. Das ist ein hoch aktueller Gedanke, erlaubt er es doch, Überlegenheits-Ansprüche von Religionen zu kritisieren, ohne Religion per se mit Dogmatismus und Unvernunft gleichsetzen zu müssen. Der spekulative Religionsbegriff erlaubt, so verstanden, die Kritik religiöser Praxis anhand eines Maßstabes, der nicht von außen an sie herangetragen wird, sondern der in der Entwicklung von Religion – auch in ihrer untrennbaren Beziehung zur Vernunft – wurzelt.